T0080432

The
LITTLE
BLACK
SONGBOOK

LEONARD
COHEN

Published by
Wise Publications
14-15 Berners Street, London W1T 3LJ, UK.

Exclusive Distributors:
Music Sales Limited
Distribution Centre, Newmarket Road,
Bury St Edmunds, Suffolk IP33 3YB, UK.
Music Sales Pty Limited
4th floor, Lisgar House, 30-32 Carrington Street,
Sydney, NSW 2000, Australia.

Order No. AM995258
ISBN 978-1-84772-715-2
This book © Copyright 2008 Wise Publications,
a division of Music Sales Limited.

Edited by Tom Farncombe.
Music arranged by Matt Cowe and Rikky Rooksby.
Music processed by Paul Ewers Music Design.
Cover designed by Michael Bell Design.
Cover image courtesy of LFI.
Printed in the EU.

Your Guarantee of Quality:

As publishers, we strive to produce every book
to the highest commercial standards.

This book has been carefully designed to minimise awkward
page turns and to make playing from it a real pleasure.

Particular care has been given to specifying acid-free, neutral-sized
paper made from pulps which have not been elemental chlorine bleached.
This pulp is from farmed sustainable forests and
was produced with special regard for the environment.

Throughout, the printing and binding have been planned to ensure a sturdy,
attractive publication which should give years of enjoyment.

If your copy fails to meet our high standards,
please inform us and we will gladly replace it.

www.musicsales.com

The
LITTLE BLACK SONGBOOK

LEONARD COHEN

Wise Publications
part of The Music Sales Group
London/New York/Paris/Sydney/Copenhagen/Berlin/Madrid/Hong Kong/Tokyo

Relative Tuning

The guitar can be tuned with the aid of pitch pipes or dedicated electronic guitar tuners which are available through your local music dealer. If you do not have a tuning device, you can use relative tuning. Estimate the pitch of the 6th string as near as possible to E or at least a comfortable pitch (not too high, as you might break other strings in tuning up). Then, while checking the various positions on the diagram, place a finger from your left hand on the:

5th fret of the E or 6th string and **tune the open A** (or 5th string) to the note (A)

5th fret of the A or 5th string and **tune the open D** (or 4th string) to the note (D)

5th fret of the D or 4th string and **tune the open G** (or 3rd string) to the note (G)

4th fret of the G or 3rd string and **tune the open B** (or 2nd string) to the note (B)

5th fret of the B or 2nd string and **tune the open E** (or 1st string) to the note (E)

E or 6th	A or 5th	D or 4th	G or 3rd	B or 2nd	E or 1st	
						Head
						Nut
						1st Fret
						2nd Fret
						3rd Fret
			(B)			4th Fret
(A)	(D)	(G)		(E)		5th Fret

Reading Chord Boxes

Chord boxes are diagrams of the guitar neck viewed head upwards, face on as illustrated. The top horizontal line is the nut, unless a higher fret number is indicated, the others are the frets.

The vertical lines are the strings, starting from E (or 6th) on the left to E (or 1st) on the right.

The black dots indicate where to place your fingers.

Strings marked with an O are played open, not fretted. Strings marked with an X should not be played.

The curved bracket indicates a 'barre' - hold down the strings under the bracket with your first finger, using your other fingers to fret the remaining notes.

8

Ain't No Cure For Love

Words & Music by Leonard Cohen

Intro
| G | D | Am7 | C |
| Em | D | C | D | D |

Verse 1

G   G7
I loved you for a long, long time,

C
I know this love is real.

                G
It don't matter   how it all went wrong,

        D
That don't change the way I feel.

       G   B7
And I can't believe that time is

           Em   C E♭7
Gonna heal this wound I'm speaking of.

        G   D
There ain't no cure, there ain't no cure,

         C   G
There ain't no cure for love.

Verse 2

G   G7
I'm aching for you baby,

C
I can't pretend I'm not.

G
I need to see you naked

       D
In your body and your thought.

cont.

G   B⁷

I've got you like a habit

            Em   C   E♭⁷

And I'll never get e - nough.

         G   D

There ain't no cure, there ain't no cure,

         C   G

There ain't no cure for love.

Bridge 1

G   G/B G/D Em   G

(There ain't no   cure for love).

                  Em   G

(There ain't no cure for love).

                        C

All the rocket ships are climbing through the sky,

The holy books are open wide,

           D

The doctors' working day and night,

                            Em   G

But they'll never ever find that cure for love.

          C

Ain't no drink, no drug, (Ah, tell them, angels,)

        A⁷   D

There's nothing pure enough to be a cure for love.

Verse 3

G   G⁷   C

I see you in the subway and I   see you on the bus.

G   D

I see you lying down with me, I see you waking up.

 G   B⁷

I see your hand, I see your hair,

        Em   C

Your bracelets and your brush.

        G   B⁷

And I call to you, I call to you,

        Em   C   E♭⁷

But I don't call soft e - nough.

        G   D

There ain't no cure, there ain't no cure,

        C   G

There ain't no cure for love.

Verse 4

G   G7   C
I walked into this   empty church, I had no place else to go.

G   D
When the sweetest voice I ever heard   whispered to my soul.

 G   B7   Em   C
I don't need to be for - given for   loving you so much,

G   B7
It's written in the scriptures,

Em   C
It's written there in blood.

G   B7   Em   C   E♭7
I even heard the angels de - clare it from a - bove.

    G   D
There ain't no cure, there ain't no cure,

    C   G
There ain't no cure for love.

Bridge 2

     G/B   G/D Em   G
(There ain't no   cure for love).

              Em   G
(There ain't no cure for love).

              C
All the rocket ships are climbing through the sky,

The holy books are open wide.

        D
The doctors' working day and night,

            Em
But they'll never ever find that cure,

   G
That cure for love.

Outro

   Em   G
(No cure for love).

         Em   G
(There ain't no cure for love).   *Repeat to fade*

Alexandra Leaving

Words & Music by Leonard Cohen & Sharon Robinson

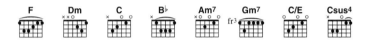

F   Dm   C   B♭   Am7   Gm7   C/E   Csus4

Verse 1

    F   Dm
Suddenly the night has grown colder.
C   B♭   C   F
The God of Love pre - paring to depart.
                     Dm
Alexandra hoisted on his shoulder,
B♭   C   F
They slip between the sentries of the heart.
        Am7   B♭
Up - held by the simplicities of pleasure,
Gm7   C
They gain the light, they formlessly en - twine;
F   Dm
And radiant beyond your widest measure,
B♭   C   F
They fall among the voices and the wine.
            B♭   C   Dm
It's not a trick, your senses all de - ceiving,
          B♭   C
A fitful dream, the morning will ex - haust,
           F   C/E   Dm   C   B♭
Say good - bye   to Alex - andra leaving,
                      C   F
Then say goodbye to Alexandra lost.

Verse 2

    F   Dm
Even though she sleeps upon your satin;
C   B♭   C   F
Even though she wakes you with a kiss.
                          Dm
Do not say the moment was i - magined;
C   B♭   C   F
Do not stoop to strategies like this.

cont.

Am⁷   **B♭**
As someone long prepared for this to happen,

Gm⁷   **C**
Go firmly to the window, drink it in.

   F   **Dm**
Ex - quisite music, Alexandra laughing.

B♭   **C**   **F**
Your first commitments tangi - ble again.

         B♭   **C**   **Dm**
And you who had the honour of her evening,

        B♭   **C**
And by that honour had your own re - stored,

      F **C/E** **Dm** **C**   **B♭**
Say good - bye   to Alex - andra leaving,

       C   **F**
Alexandra leaving with her lord.

Bridge 1

(F)   **B♭**   **C**   **Dm**
Even though she sleeps up - on your satin;

             B♭   **C**   **Dm**
Even though she wakes you with a kiss.

          B♭   **C**   **Dm**
Do not say the moment was im - agined;

         Gm⁷   **Csus⁴** **C**
Do not stoop to strategies like this.

Verse 3

F   **Dm**
As someone long prepared for the oc - casion;

C   **B♭** **C**   **F**
In full command of every plan you wrecked,

                     Dm
Do not choose a coward's expla - nation

C   **B♭**   **C**   **F**
That hides behind the cause and the effect.

        B♭   **C**   **Dm**
And you who were be - wildered by a meaning;

      B♭   **C**
Whose code was broken, crucifix un - crossed,

      F **C/E** **Dm** **C**   **B♭**
Say good - bye   to Alex - andra leaving,

             C   **F**
Then say goodbye to Alexandra lost.

        C/E **Dm** **C**   **B♭**
Say goodbye   to Alex - andra leaving,

             C   **F**
Then say goodbye to Alexandra lost.

Anthem

Words & Music by Leonard Cohen

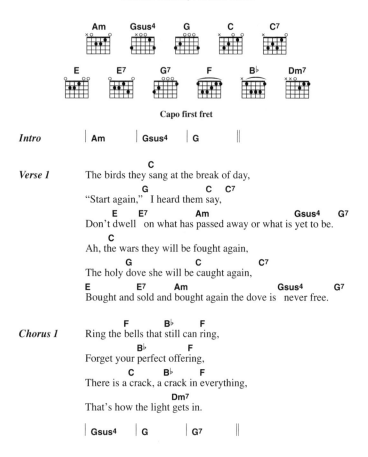

Capo first fret

Intro | Am | Gsus⁴ | G ||

Verse 1
                                  C
The birds they sang at the break of day,
               G   C   C⁷
"Start again," I heard them say,
        E   E⁷   Am   Gsus⁴ G⁷
Don't dwell on what has passed away or what is yet to be.
     C
Ah, the wars they will be fought again,
           G   C   C⁷
The holy dove she will be caught again,
E   E⁷   Am   Gsus⁴   G⁷
Bought and sold and bought again the dove is   never free.

Chorus 1
              F   B♭   F
Ring the bells that still can ring,
               B♭   F
Forget your perfect offering,
           C   B♭   F
There is a crack, a crack in everything,
                  Dm⁷
That's how the light gets in.

| Gsus⁴ | G | G⁷ ||

Verse 2

```
                      C
We asked for signs, the signs were sent:
               G                    C     C7
The birth betrayed, the marriage spent.
        E            E7       Am              Gsus4    G7
Yeah, the widowhood  of every government, signs for all to see.
             C
I can't run no more with that lawless crowd
             G                          C              C7
While the killers in high places say their prayers out loud.
        E            E7           Am
But they've summoned, they've summoned up a thundercloud
                      Gsus4    G7
And they're going to hear from me.
```

Chorus 2   As Chorus 1

Verse 3

```
G7                 C
   You can add up the parts, you won't have the sum,
                 G            C    C7
You can strike up the march, there is no   drum,
        E    E7         Am                Gsus4    G7
Every heart, every heart to love will come but like a refugee.
```

Chorus 3   As Chorus 1

Chorus 4

```
G7        F         B♭    F
   Ring the bells that still can ring,
             B♭       F
Forget your perfect offering,
            C      B♭    F
There is a crack, a crack in everything,
                  Dm7                      Gsus4
That's how the light gets in, that's how the light gets in,
                  G7
That's how the light gets in.
```

Coda

C		C		G		C	C7
E	E7	Am		Gsus4		Gsus4	G7
C		C		G		C	C7
E	E7	Am					

Fade out

15

Avalanche

Words & Music by Leonard Cohen

Am	F	G	C	E7/B	Fmaj7#11/E	E

Tune guitar down two tones

Intro
‖: Am | Am | Am | Am :‖

| Am | Am ‖

Verse 1

Am   F
Well I stepped into an avalanche,

Am   G Am
 It covered up my soul;

            F
And when I am not this hunchback that you see,

Am   G   Am
 I sleep be - neath the golden hill.

C   E7/B
 You who wish to conquer pain,

    Am   F Fmaj7#11/E E
You must learn, learn to serve me well.

Verse 2

Am   F
You strike my side by accident

Am   G   Am
 As you go down for your gold.

            F
The cripple here that you clothe and feed

Am   G   Am
 Is neither starved nor cold;

C   E7/B
 He does not ask for your company,

E   Am   F   Fmaj7#11/E E
Not at the centre, the centre of the world.

Verse 3

Am   **F**
When I am on a pedestal,

Am   **G**   **Am**
   You did not raise me there.

                         F
Your laws do not com - pel me

Am   **G**   **Am**
   To kneel grotesque and bare.

C   **E7/B**
   I myself am the pedestal

           Am   **F**   **Fmaj7♯11/E**   **E**
For this ug - ly hump at which you stare.

Verse 4

Am   **F**
You who wish to conquer pain,

           Am   **G**   **Am**
You must learn what makes me kind;

                       F
The crumbs of love that you offer me,

            Am   **G**   **Am**
They're the crumbs I've left be - hind.

C   **E7/B**
   Your pain is no cre - dential here,

           Am   **F**   **Fmaj7♯11/E**   **E**
It's just the shadow, shadow of my wound.

Verse 5

Am   **F**
I have begun to long for you,

Am G   **Am**
   I   who have no greed;

                F
I have begun to ask for you,

Am G   **Am**
   I   who have no need.

C   **E7/B**
   You say you've gone a - way from me,

           Am   **F**   **Fmaj7♯11/E**   **E**
But I can feel you when you breathe.

Verse 6

Am   F
Do not dress in those rags for me,

Am   G   Am
  I know you are not poor;

                            F
You don't love me quite   so fiercely now.

               Am   G   Am
When you know that you are not sure,

C   E7/B
  It is your turn,   beloved,

       Am   F   Fmaj7♯11/E E Am
It is your flesh that I wear.

Ballad Of The Absent Mare

Words & Music by Leonard Cohen

A	E	D

Intro

| A | A | E | E |

| E | D | A | A | A ‖

Verse 1

A
Say a prayer for the cowboy, his mare's run away,

D
And he'll walk till he finds her, his darling, his stray.

A
But the river's in flood and the roads are awash,

E   D   A
And the bridges break up in the panic of loss.

Verse 2

A
And there's nothing to follow, there's nowhere to go,

D
She's gone like the summer, gone like the snow.

A
And the crickets are breaking his heart with their song,

E   D   A
As the day caves in and the night is all wrong.

Verse 3

A
Did he dream, was it she who went galloping past,

D
And bent down the fern, broke open the grass.

A
And printed the mud with the iron and the gold

E   D   A
That he nailed to her feet when he was the lord.

Verse 4

    A
And although she goes grazing a minute away,

    D
He tracks her all night, he tracks her all day.

    A
Oh, blind to her presence except to compare

    E   **D**   **A**
His injury here with her punishment there.

Verse 5

    A
Then at home on a branch in the highest tree,

    D
A songbird sings out so suddenly.

    A
Ah, the sun is warm and the soft winds ride

    E   **D**   **A**
On the wil - low trees by the river - side.

Verse 6

    A
Oh, the world is sweet, the world is wide,

    D
And she's there where the light and the darkness divide.

    A
And the steam's coming off her, she's huge and she's shy,

    E   **D**   **A**
And she steps on the moon when she paws at the sky.

Verse 7

    A
And she comes to his hand, but she's not really tame,

    D
She longs to be lost, he longs for the same.

    A
And she'll bolt and she'll plunge through the first open pass,

    E   **D**   **A**
To roll and to feed in the sweet mountain grass.

Verse 8

    A
Or she'll make a break for the high plateau,

    D
Where there's nothing above and there's nothing below.

    A
And it's time for the burden, it's time for the whip.

    E   **D**   **A**
Will she walk through the flame, can he shoot from the hip?

Verse 9

A
So he binds himself to the galloping mare,

D
And she binds herself to the rider there.

A
And there is no space, but there's left and right,

E   **D**   **A**
And there is no time, but there's day and night.

Verse 10

A
And he leans on her neck and he whispers low,

D
"Whither thou goest I will go."

A
And they turn as one and they head for the plain,

E   **D**   **A**
No need for the whip, and ah, no need for the rein.

Verse 11

A
Now the clasp of this union, who fastens it tight?

D
Who snaps it asunder the very next night?

A
Some say the rider, some say the mare,

E   **D**   **A**
Or that love's like the smoke be - yond all re - pair.

Verse 12

A
But my darling says, "Leonard, just let it go by,

D
That old silhouette on the great western sky."

A
So I pick out a tune and they move right along,

E   **D**   **A**
And they're gone like the smoke and they're gone like this song.

Outro

‖: A	A	A	A	
D	D	D	D	
A	A	A	A	
E	E	E	D	
A	A	A	A	:‖ *Repeat to fade*

21

Bird On The Wire

Words & Music by Leonard Cohen

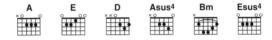

Verse 1

      A   **E**
Like a bird on the wire,

      A   **D**
Like a drunk in a midnight choir,

         A   **E**   **A**   **Asus⁴**
I have tried in my way to be free.

       A   **E**
Like a worm on a hook,

      A   **D**
Like a knight from some old fashioned book,

      A   **E**   **A**
I have saved all my   ribbons for thee.

Bridge 1

 D   **A**
  If I, if I have been un - kind,

Bm   **A**
  I hope that you can just let it go by.

 D   **A**
  If I, if I have been un - true,

Bm   **E**   **Esus⁴** **E**
  I hope you know it was never to you.

Verse 2

         A   **E**
Oh, like a baby, still - born,

       A   **D**
Like a beast with his horn,

       A   **E**   **A**   **Asus⁴**
I have torn everyone who reached out for me.

cont.

     A   **E**
But I swear by this song,

       A   **D**
And by all that I have done wrong,

A   **E**   **A**   **Asus⁴** **A**
I will make it all up to thee.

Bridge 2

D   **A**
I saw a beggar leaning on his wooden crutch,

Bm   **A**
He said to me, "You must not ask for so much."

D   **A**
And a pretty woman leaning in her darkened door,

Bm   **E**   **Esus⁴** **E**
She cried to me, "Hey, why not ask for more?" _____

Verse 3

      A   **E**
Oh, like a bird on the wire,

    A   **D**
Like a drunk in a midnight choir,

     A   **E**   **D**   **A**
I have tried in my way to be free. _____

By The Rivers Dark

Words & Music by Leonard Cohen & Sharon Robinson

Em   D/E   C   D   G   A   Am⁷   B7

Capo first fret

Intro

| Em | Em D/E | Em | Em |

| C | C D | Em | Em |

Verse 1

Em   D/E   Em
By the rivers dark I wandered on.
C   D   Em
   I lived my life   in Babylon.
                          D/E Em
And I did forget my holy song:
C   D   Em
   And I had no strength   in Babylon.

Chorus 1

G   A   Em
   By the rivers dark where I could not see
C   D   Em
   Who was waiting there, who was hunting me.

Verse 2

Em   D/E   Em
And he cut my lip and he cut my heart.
C   D   Em
   So I could not drink   from the river dark.
                          D/E   Em
And he covered me, and I saw with - in,
C   D   Em
   My lawless heart   and my wedding ring.

Chorus 2

G   A   Em
   I did not know and I could not see
C   D   Em
   Who was waiting there, who was hunting me.

Verse 3

Em   D/E   Em
By the rivers dark I panicked on.

C   D   Em
  I belonged at   last to Babylon.

                                    D/E   Em
Then he struck my heart with a deadly force,

C   D   Em
  And he said, "This heart: it is not yours."

Bridge

(Em)   C   D   Em
And he gave the wind my   wedding ring;

                 C   Am7   B7
And he circled us with every - thing.

Verse 4

Em   D/E   Em
  By the rivers dark in a wounded dawn,

C   D   Em
  I live my life   in Babylon.

                                 D/E   Em
Though I take my song from a withered limb,

C   D   Em
  Both song and tree,   they sing for him.

Em   D/E   Em
Be the truth unsaid and the blessing gone,

C   D   Em
  If I forget   my Babylon.

Chorus 3

G   A   Em
  I did not know and I could not see

C   D   Em
  Who was waiting there, who was hunting me.

G   A   Em
  By the rivers dark where it all goes on;

C   D   Em
  By the rivers dark in Babylon.

Outro

‖: Em | Em D/E | Em | Em |

| C | C D | Em | Em   :‖   *Repeat to fade*

Came So Far For Beauty

Words & Music by Leonard Cohen & John Lissauer

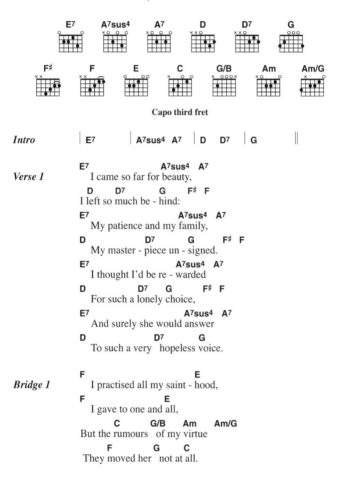

Capo third fret

Intro | E7 | A7sus4 A7 | D D7 | G ‖

Verse 1

E7   A7sus4 A7
  I came so far for beauty,

D   D7   G   F♯ F
I left so much be - hind:

E7   A7sus4 A7
  My patience and my family,

D   D7   G   F♯ F
My master - piece un - signed.

E7   A7sus4 A7
  I thought I'd be re - warded

D   D7   G   F♯ F
For such a lonely choice,

E7   A7sus4 A7
  And surely she would answer

D   D7   G
To such a very   hopeless voice.

Bridge 1

F   E
  I practised all my saint - hood,

F   E
  I gave to one and all,

         C   G/B   Am   Am/G
But the rumours   of my virtue

         F   G   C
They moved her   not at all.

    F   **E**
I changed my style to silver,

    F   **E**
I changed my clothes to black,

    C   **G/B**   **Am**   **Am/G**
And where I would sur - render

    F   **G**   **C**
Now   I would attack.

    E7   **A7sus4**   **A7**

Verse 2   I stormed the old casino

              D   **D7**   **G**   **F♯** **F**
For the money and the flesh

    E7   **A7sus4**   **A7**
And I myself de - cided

              D   **D7**   **G**
What was rotten and   what was fresh.

    F   **E**

Bridge 2   And men to do my bidding,

    F   **E**
And broken bones to teach

     C   **G/B**   **Am**   **Am/G**
The value of my pardon,

    F   **G**   **C**
The shadow of my reach.

    F   **E**
But no, I could not touch her

    F   **E**
With such a heavy hand,

    C   **G/B**   **Am**   **Am/G**
Her star be - yond my order,

     F   **G**   **C**
Her nakedness   un - manned.

    E7   **A7sus4**   **A7**

Verse 3   I came so far for beauty,

    D   **D7**   **G**   **F♯** **F**
I left so much be - hind,

      E7   **A7sus4**   **A7**
My patience and my family

    D   **D7**   **G**
My master - piece un - signed.

The Captain

Words & Music by Leonard Cohen

Intro
| C | G | F | C ‖

Verse 1

C   G   F   C
Now the Captain called me to his bed, he fumbled for my hand.
F   C   G   C
"Take these silver bars," he said. "I'm giving you com - mand."

                                C7   F   C
"Command of what, there's no one here, there's only you and me.
     G   F   C
All the rest are dead or in retreat or with the ene - my."

Verse 2

C   G   F   C
"Complain, complain, that's all you've done ever since we lost,
     F   C   G   C
If it's not the Cruci - fixion then it's the Holo - caust."

                             C7   F   C
"May Christ have mercy on your soul for making such a joke
     G
A - mid these hearts that burn like coal
               F   C
And the flesh that rose like smoke."

Verse 3

C   G   F   C
"I know that you have suffered, lad, but suffer this a - while:
     F   C   G   C
What - ever makes a soldier sad will make a killer smile."

                           C7   F   C
"I'm leaving, Captain, I've got to go, there's blood upon your hand.
     G   F   C
But tell me, Captain, if you know of a decent place to stand."

Verse 4

   C   G   F   C
"There is no decent place to stand in a mass - acre;

     F   C   G   C
But if a woman take your hand then go and stand with her."

                C7   F   C
"I left a wife in Tennessee and a baby in Sai - gon,

  G   F   C
I risked my life, but not to hear some country-western song."

Verse 5

   C   G   F   C
"Ah, but if you cannot raise your love to a very high de - gree,

        F   C
Then you're just the man I've been thinking of,

  G   C
So come and stand with me."

                  C7   F   C
"Your standing days are done," I cried, "You'll rally me no more.

G   F   C
I don't even know what side we fought on, or what for."

Verse 6

   C   G   F   C
"I'm on the side that's always lost a - gainst the side of Heaven.

    F   C   G   C
I'm on the side of Snake-eyes tossed a - gainst the side of Seven.

                  C7   F   C
And I've read the Bill of Human Rights and some of it was true,

         G   F   C
But there wasn't any burden left so I'm laying it on you."

Verse 7

   C   G   F   C
Now the Captain he was dying, but the Captain wasn't hurt.

    F   C   G   C
The silver bars were in my hand, I pinned them to my shirt.

Outro

C	C7	F	C	
G	G	F	C	
C	G	F	C	
F	C	G	C	
C	C7	F	C	
G	G	F	C	‖ *Fade out*

29

Chelsea Hotel #2

Words & Music by Leonard Cohen

Capo fifth fret

Verse 1

     C   G   F   C
I remember you well in the Chelsea Hotel,
                           G   Am
You were talking so brave and so sweet,
C   G   F   C
Giving me head on the unmade bed,
                 F   G
While the limousines wait in the street.
Am   F
Those were the reasons and that was New York,
          C   Em/B   Am
We were running for the money and the flesh.
        F   C
And that was called love for the workers in song,
        F   G
Probably still is for those of them left.

Chorus 1

        F   C
Ah, but you got away, didn't you babe,
                 Em/B   Am
You just turned your back on the crowd,
F   C
You got away, I never once heard you say,
     F   C
"I need you, I don't need you,
     F   C
I need you, I don't need you"
     F   Am   G
And all of that jiving around.

Verse 2

    C   G   F   C
I remember you well in the Chelsea Hotel:

                         G   Am
You were famous, your heart was a legend.

    C   G   F   C
You told me again you preferred handsome men

    F   G
But for me you would make an exception.

    Am   F
And clenching your fist for the ones like us

               C   Em/B   Am
Who are oppressed by the figures of beauty,

    F   C
You fixed yourself, you said, "Well never mind,

    F   G
We are ugly but we have the music."

Chorus 2

              F   C
And then you got away, didn't you baby,

                      Em/B   Am
You just turned your back on the crowd,

F   C
You got away, I never once heard you say,

    F   C
"I need you, I don't need you,

    F   C
I need you, I don't need you"

    F   Am   G
And all of that jiving around.

Verse 3

        C   G   F   C
I don't mean to suggest that I loved you the best,

                      G   Am
I can't keep track of each fallen robin.

    C   G   F   C
I remember you well in the Chelsea Hotel,

    F   G
That's all, I don't even think of you that often.

Closing Time

Words & Music by Leonard Cohen

Intro

‖: G | G | G | G |
| D | D | D | D :‖

Verse 1

(D) **G**
Ah, we're drinking and we're dancing and the band is really happening
Em
And the Johnny Walker wisdom running high.
Bm
And my very sweet companion, she's the Angel of Compassion,
Em
She's rubbing half the world against her thigh.
C
And every drinker every dancer lifts a happy face to thank her,
G   **B7**   **Em**
The fiddler fiddles something so sub - lime.

Chorus 1

(Em) **D**
All the women tear their blouses off,

And the men they dance on the polka-dots.
C
And it's partner found, it's partner lost,

And it's hell to pay when the fiddler stops,
G
It's closing time. (Closing time, closing time, closing time.)
C
Yeah, the women tear their blouses off,

And the men they dance on the polka-dots.

cont.

       G   **B7**
And it's partner found and it's partner lost,

      Em   **C**
And it's hell to pay when the fiddler stops,

   G   **D**
It's closing time.

   (D)   **G**

Verse 2   And we're lonely, we're romantic and the cider's laced with acid,

            Em
And the Holy Spirit's crying, "Where's the beef?"

           Bm
And the moon is swimming naked and the summer night is fragrant

       Em
With a mighty expectation of relief.

    C
So we struggle and we stagger down the snakes and up the ladder

   G   **B7**   **Em**
To the tower where the blessed hours chime.

   (Em) **D**

Chorus 2   And I swear it happened just like this,

A sigh, a cry, a hungry kiss.

   C
The Gates of Love they budged an inch,

I can't say much has happened since,

   G
But closing time. (Closing time, closing time, closing time).

   C
I swear it happened just like this,

A sigh, a cry, a hungry kiss.

   G   **B7**
The Gates of Love they budged an inch,

   Em   **C**
I can't say much has happened since,

(Can't say much has happened since),

(Can't say much has happened since),

    G
But closing time.

D
Closing time.

Em
I loved you for your beauty,

That doesn't make a fool of me:
Bm
You were in it for your beauty too.

    Em
And I loved you for your body,

There's a voice that sounds like God to me

  A
De - claring, (declaring).

Declaring, (declaring).
  D   **(C)**
De - claring that your body's really you. (Really, really, really you).
  C
And I loved you when our love was blessed,

And I love you now there's nothing left,
    G   **B7**   **Em**
But sorrow and a sense of oh well, damn.

(Em) D
Chorus 3   And I missed you since our place got wrecked,

And I just don't care what happens next.
C
Looks like freedom but it feels like death,

It's something in between, I guess,
         G
It's closing time. (Closing time, closing time, closing time).
      C
Yeah I missed you since our place got wrecked

By the winds of change and the weeds of sex.
     G   **B7**
And it looks like freedom but it feels like death,
    Em   **C**
It's something in be - tween, I guess,
    G   **D**
It's closing time.

Verse 4
      (D)   **G**
Yeah we're drinking and we're dancing,

But there's nothing really happening
      Em
And the place is dead as Heaven on a Saturday night.
      Bm
And my very close companion gets me fumbling gets me laughing,
      Em
She's a hundred but she's wearing something tight.
    C
And I lift my glass to the Awful Truth

Which you can't reveal to the Ears of Youth,
  G   **B7**   **Em**
Ex - cept to say it isn't worth a dime.

Chorus 4
 (Em)   **D**
And the whole damn place goes crazy twice,

And it's once for the Devil and it's once for Christ.
      C
But the Boss don't like these dizzy heights,

We're busted in the blinding lights,
    G
Of closing time. (Closing time, closing time, closing time.)
    C
And the whole damn place goes crazy twice,

And it's once for the Devil and it's once for Christ.
    G   **B7**
But the Boss don't like these dizzy heights,
      Em   **C**
We're busted in the blinding lights,

(Busted in the blinding lights),

Busted in the blinding lights
    G
Of closing time.
D
Closing time.

Outro

(D)   **G**
All the women tear their blouses off,

And the men they dance on the polka-dots.
   D
It's closing time.
    G
And it's partner found, it's partner lost,

And it's hell to pay when the fiddler stops,
   D
It's closing time.
    G
And I swear it happened just like this,

A sigh, a cry, a hungry kiss.
   D
It's closing time.
    G
The Gates of Love they budged an inch,

I can't say much has happened since,
   D
But closing time.
 G
I loved you when our love was blessed,

I love you now there's nothing left
   D
But closing time.
    G
And I missed you since our place got wrecked

By the winds of change and the weeds of sex.
   D
It's closing time.   *Fade out*

Death Of A Ladies' Man

Words & Music by Leonard Cohen & Phil Spector

Intro

‖: F | F | G7 | G7 |

| Gm | C7 | B♭ | F :‖

| F | F | F ‖

Verse 1

F   G7
Ah, the man she wanted all her life was hanging by a thread.
   Gm   C7   B♭   F
"I never even knew how much I wanted you," she said.
                                          G7
His muscles they were numbered and his style was obsolete.
      Gm   C7   B♭   F
"Oh baby, I have come too late." She knelt beside his feet.

Verse 2

F   G7
"I'll never see a face like yours in years of men to come,
    Gm   C7   B♭   F
I'll never see such arms again in wrestling or in love."
                                         G7
And all his virtues burning in the smoky Holocaust,
    Gm   C7   B♭   F
She took unto her - self most every - thing her lover lost.

Link 1

| Dm | Dm | Dm | Dm ‖

Bridge 1

    Dm
Now the master of this landscape he was standing at the view
      Gm
With a sparrow of St. Francis that he was preaching to.
      Am
She beckoned to the sentry of his high religious mood,
      Gm   **Gm/F♯**
She said, "I'll make a place be - tween my legs,
    Gm/F   **C7**
I'll show you soli - tude."

Link 2

| **F** | **F** | **F** | **F** | ‖

Verse 3

F   **G7**
He offered her an orgy in a many mirrored room,
   Gm   **C7**   **B♭**   **F**
He promised her pro - tection for the issue of her womb.
                   G7
She moved her body hard against a sharpened metal spoon
   Gm   **C7**   **B♭**   **F**
She stopped the bloody rituals of passage to the moon.

Piano solo

| ‖: **F** | **F** | **G7** | **G7** | |
| **Gm** | **C7** | **B♭** | **F** | :‖ |
| **F** | **F** | **F** | **F** | **F** | ‖

Verse 4

F   **G7**
She took his much admired ori - ental frame of mind
      Gm   **C7**   **B♭**   **F**
And the heart-of-darkness alibi his money hides be - hind.
                    G7
She took his blonde madonna and his monastery wine,
     Gm   **C7**   **B♭**   **F**
"This mental space is occupied and everything is mine."

Verse 5

F   G⁷
He tried to make a final stand be - side the railway track,
              Gm   C⁷   B♭   F
She said, "The art of longing's over and it's never coming back."
                                              G⁷
She took his tavern parliament, his cap, his cocky dance,
              Gm   C⁷   B♭   F
She mocked his female fashions and his working-class moustache.

Link 3 | Dm | Dm | Dm | Dm   ‖

               Dm
Bridge 2   Now the last time that I saw him he was trying hard to get
                Gm
               A woman's education but he's not a woman yet.
                        Am
               And the last time that I saw her she was living with some boy
                Gm   Gm/F♯   Gm/F   C⁷
               Who gives her soul an empty room and gives her body joy.

               F   G⁷
Verse 6   So the great affair is over but who - ever would have guessed
                Gm   C⁷   B♭   F
               It would leave us all so vacant and so deeply unim - pressed.
                                        G⁷
               It's like our visit to the moon or to that other star,
                Gm   C⁷   B♭   F
               I guess you'd go for nothing if you really want to go that far.

Link 4 | F | F | F | F |

                | F | F | G⁷ | G⁷ |

                | Gm | C⁷ | B♭ | F   ‖

                F   G⁷
Outro   ‖: It's like our visit to the moon or to that other star,
                Gm   C⁷   B♭   F
               I guess you'd go for nothing if you really want to go that far. :‖

39

Coming Back To You

Words & Music by Leonard Cohen

F   Dm   B♭   C7sus4   C   A   C/E   G7

Intro | F | Dm | B♭ C7sus4 | F | F   ‖

Verse 1

    F   Dm   B♭   C7sus4   F
Maybe I'm still hurting, I can't turn   the other cheek.

                          Dm   C   B♭   F
But you know that I still love you, it's just that I can't speak.

     B♭   F   A   B♭ C7sus4
I looked for you in everyone and they called me on that too,

    F   C/E   Dm C   B♭   C7sus4 F
I lived alone   but I was only coming back to you.

Verse 2

    B♭ C   F   Dm
Ah,   they're shutting down the factory now

            B♭   C7sus4 F
Just when all the bills are due.

                     Dm
And the fields they're under lock and key,

          C   B♭   F
Tho' the rain and the sun come through.

     B♭   F
And springtime starts but then it stops

    A   B♭   C7sus4
In the name of something new,

     F   C/E   Dm   C   B♭   C7sus4 F
And all the senses rise a - gainst this coming back to you.

Bridge 1

(F)   B♭   F
And they're handing down my sentence now,

        B♭   C⁷sus⁴ F
And I know what I must   do.

     A   B♭   G⁷   C
A - nother mile of silence while I'm coming back to you.

Verse 3

F   Dm   B♭   C⁷sus⁴ F
There are many in your life and many still to be,

            Dm   C   B♭   F
Since you are a shining light, there's many   that you'll see.

      B♭   F   A   B♭ C⁷sus⁴
But I have to deal with envy when you choose the precious few

        F   C/E   Dm   C   B♭   C⁷sus⁴ F
Who've left their pride on the other side   of coming back to you.

Instr.

| B♭ | F | B♭ C | F | |
| A | B♭ | G⁷ | C | C |

Verse 4

F   Dm   B♭   C⁷sus⁴   F
Even in your arms I know I'll never get it right,

           Dm   C   B♭   F
Even when you bend to give me comfort   in the night.

     B♭   F   A   B♭ C⁷sus⁴
I've got to have your word on this or none of it is true,

       F   C/E   Dm   C   B♭   C⁷sus⁴ F
And all I've said was just in - stead of coming back to you.

Dance Me To The End Of Love

Words & Music by Leonard Cohen

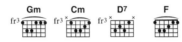

Intro	| **Gm** ||

Cm   **Gm**   **D⁷**   **Gm**
(La la, la la la la la la, la la la la la la, la la la,)

Cm   **Gm**   **D⁷**   **Gm**
(La la, la la la la la la, la la la la la la, la la la.)

Verse 1

    Cm   **Gm**
Dance me to your beauty with a burning violin,
    Cm   **Gm**
Dance me through the panic till I'm gathered safely in;
    Cm   **Gm**
Lift me like an olive branch and be my homeward dove,
    D⁷   **Gm**
Dance me to the end of love.
    D⁷   **Gm**
Dance me to the end of love.

Verse 2

      Cm   **Gm**
Oh, let me see your beauty when the witnesses are gone,
    Cm   **Gm**
Let me feel you moving like they do in Babylon,
    Cm   **Gm**
Show me slowly what I only know the limits of,
    D⁷   **Gm**
Dance me to the end of love.
    D⁷
Dance me to the end of (love.)

Link 1   \| **Gm** \| **F** \| **Gm** \| **F** \| **Gm** \|\|
love.

Verse 3

Cm   **Gm**
Dance me to the wedding now, dance me on and on,

Cm   **Gm**
Dance me very tenderly and dance me very long,

        Cm   **Gm**
We're both of us beneath our love, we're both of us above,

D⁷   **Gm**
Dance me to the end of love.

D⁷   **Gm**
Dance me to the end of love.

Verse 4

Cm   **Gm**
Dance me to the children who are asking to be born,

Cm   **Gm**
Dance me through the curtains that our kisses have outworn,

Cm   **Gm**
Raise a tent of shelter now, though every thread is torn,

D⁷
Dance me to the end of (love.)

Link 2

| **Gm** | **F** | **Gm** | **F** | **Gm**   ‖
  love.

Link 3

Cm   **Gm**   **D⁷**   **Gm**
(La la, la la la la la la, la la la la la la, la la la,)

Cm   **Gm**   **D⁷**   **Gm**
(La la, la la la la la la, la la la la la la, la la la.)

Verse 5

Cm   **Gm**
Dance me to your beauty with a burning violin,

Cm   **Gm**
Dance me through the panic till I'm gathered safely in,

Cm   **Gm**
Touch me with your naked hand, touch me with your glove,

D⁷   **Gm**
Dance me to the end of love.

D⁷   **Gm**
Dance me to the end of love.

D⁷   **N.C.**   **Gm**
Dance me to the end of love.

Democracy

Words & Music by Leonard Cohen

C   F   G   B♭/F

E   Fm   Am/E   Dm   F/C

Capo first fret

Intro

| N.C. | N.C. | N.C. | N.C. |

| C | C | C | C |

Verse 1

   C   F   C
It's coming through a hole in the air,

                         G   C
From those nights in Tia - nanmen Square.

   F   B♭/F   F
It's coming from the feel that this ain't exactly real,

           C
Or it's real, but it ain't exactly there.

              E
From the wars against disorder,

             Am/E
From the sirens night and day,

             E   Am/E
From the fires of the homeless, from the ashes of the gay:

      G   F   C
De - mocracy is coming   to the U.S.A.

Link 1

| C | Fm | C | Fm |

| C | C | C | C |

Verse 2

```
C                    F           C
It's coming through a    crack in the wall;
                G           C
On a visionary flood of alco - hol;
            F                    Bb/F          F
From the staggering account of the Sermon on the Mount
            C
Which I don't pretend to understand at all.
        E                    Am/E
It's coming from the silence on the      dock of the bay,
            E                            Am/E
From the brave, the bold, the battered heart of      Chevrolet:
        G           F           C
De - mocracy is coming   to the U.S.A.
```

Link 2   As Link 1

Verse 3

```
C                    F           C
It's coming from the sorrow in the street,
                G           C
The holy places where the races meet;
            F                    Bb/F          F
From the homicidal bitchin' that goes down in every kitchen
        C           F/C         C
To de - termine who will serve and who will eat.
            E                            Am/E
From the wells of disappointment where the women kneel to pray
            E                            Am/E
For the grace of God in the desert here and the desert far away:
        G                    F           C
De - mocracy is coming   to the U.S.A.
```

Link 3

```
| C      | Fm     | C      | Fm     ‖

‖: C     | C      | C      | C      :‖
```

Bridge 1
    C   **G**   **F**
Sail on, sail on,

      C
Oh mighty Ship of State!

     G
To the Shores of Need,

     F
Past the Reefs of Greed,

     C
Through the Squalls of Hate.

    Dm   **G**   **F**   **C**
Sail on, sail on, sail on, sail on.

Link 4
| **C** | **C** | **C** | **C**   ‖

Verse 4
C   **F**   **C**
It's coming to A - merica first,

              G   **C**
The cradle of the best and of the worst.

    F   **B♭/F**   **F**
It's here they got the range and the ma - chinery for change

       C   **F/C**   **C**
And it's here they got the spiritual thirst.

    E   **Am/E**
It's here the family's broken and it's here the lonely say

     E   **Am/E**
That the heart has got to open in a fundamental way:

   G   **F**   **C**
De - mocracy is coming   to the U.S.A.

Link 5
As Link 1

Verse 5
C   **F**   **C**
It's coming from the women and the men.

               G   **C**
Oh baby, we'll be making love again.

         F   **B♭/F**   **F**
We'll be going down so deep, the river's gonna weep,

       C
And the mountain's going to shout Amen!

    E   **Am/E**
It's coming like the tidal flood be - neath the lunar sway,

    E   **Am/E**
Im - perial, mysterious in am - orous array:

   G   **F**   **C**
De - mocracy is coming   to the U.S.A.

Link 6   As Link 1

Bridge 2   As Bridge 1

Verse 6
                C   F   C
                I'm sentimental, if you know what I mean,
                                        G   C
                I love the country but I can't stand the scene.
                        F   B♭/F   F
                And I'm neither left or right, I'm just staying home tonight,
                        C   F/C   C
                Getting lost in that hopeless little screen.
                        E   Am/E
                But I'm stubborn as those garbage bags that Time cannot decay,
                        E   Am/E
                I'm junk but I'm still holding up this little wild bouquet:
                        G   F   C   Fm
                De - mocracy is coming   to the U.S.A.
                                C   Fm
                (To the U. S .A.)

Outro   ‖: C | C | C | C   :‖ *Repeat to fade*

Don't Go Home With Your Hard-On

Intro ‖: F | B♭ | F | B♭ :‖ *Play 8 times*

Verse 1
(F) Fm   C7
I was born in a beauty salon,
                     Fm
My father was a dresser of hair.
                        B♭m
My mother was a girl you could call on,
      Fm   C7   Fm
When you called she was always there.
      Fm   C7
When you called she was always there,
                      Fm
When you called she was always there,
                      B♭m
When you called she was always there,
      Fm   C7   Fm
When you called she was always there.

Chorus 1
(Fm) F   B♭   F   B♭
Ah but don't go home with your hard-on,
F   B♭   F   B♭
It will only drive you in - sane.
           F   B♭   F   B♭
You can't shake it (or break it) with your Motown,
       F   B♭   F   B♭
You can't melt it down in the rain.
       F   B♭   F   B♭
You can't melt it down in the rain.
       F   B♭   F   B♭
You can't melt it down in the rain.
       F   B♭   F   B♭
You can't melt it down in the rain.

Link 1 | **F** | **B**♭ | **F** | **B**♭ ‖

Verse 2
(B♭) **Fm**   **C**7
I've looked behind all of these faces
                                Fm
That smile you down to you knees.
                                B♭**m**
And the lips that say come on, taste us.
                Fm   **C**7   **Fm**
And when you try to they make you say Please.
                                C7
When you try to they make you say Please,
                                Fm
When you try to they make you say Please,
                                B♭**m**
When you try to they make you say Please,
                Fm   **C**7   **Fm**
When you try to they make you say Please.

Chorus 2   As Chorus 1

Link 2   As Link 1

Verse 3
Fm   **C**7
Here come's your bride with her veil on,
                                Fm
Approach her, you wretch, if you dare.
                                B♭**m**
Approach her, you ape with your tail on,
        Fm   **C**7   **Fm**
Once you have her she'll always be there.
                                C7
Once you have her she'll always be there,
                                Fm
Once you have her she'll always be there,
                                B♭**m**
Once you have her she'll always be there,
        Fm   **C**7   **Fm**
Once you have her she'll always be there.

Chorus 3   As Chorus 1

Link 3   As Link 1

                 (B♭) Fm   **C7**
Verse 4   So I work in that same beau - ty salon,
                                           Fm
                 I'm chained to the old masque - rade.
                                              B♭m
                 The lipstick, the shadow and the silicone,
                 Fm   **C7**   **Fm**
                 I follow my father's trade.
                                       C7
                 Yes, I follow my father's trade,
                                     Fm
                 I follow my father's trade,
                                     B♭m
                 I follow my father's trade,
                 Fm   **C7**   **Fm**
                 I follow my father's trade.

                 (Fm) F   **B♭**   **F**   **B♭**
Chorus 4   Ah,   but don't go home with your hard-on,
                 F   **B♭**   **F**   **B♭**
                 It will only drive you in - sane.
                               F   **B♭**   **F**   **B♭**
                 You can't shake it (or break it) with your Motown,
                    F   **B♭**   **F**   **B♭**
                 You can't melt it down in the rain.

                          F   **B♭**   **F**   **B♭**
Outro   ‖: You can't melt it down in the rain.   :‖ *Repeat to fade*

50

Dress Rehearsal Rag

Words & Music by Leonard Cohen

Bm   C#m   Am   B♭   D   G

Intro

| Bm | Bm | Bm | Bm | Bm | Bm |

Verse 1

Bm
Four o'clock in the afternoon and I   **C#m** didn't feel like very much.
Bm
I said to myself, "Where are you golden boy,
    C#m
Where is your famous golden touch?"
Bm   **C#m**
   I thought you knew where all of the elephants lie down,
Bm   **C#m**
   I thought you were the crown prince of all the wheels in Ivory Town.
Bm   **Am**
   Just take a look at your body now,   there's nothing much to save,
Bm
   And a bitter voice in the mirror cries,
               Am
"Hey, Prince,   you need a shave."
Bm   **C#m**
   Now if you can manage to get your trembling fingers to behave,
     Bm   **C#m**
Why   don't you try unwrapping a stainless steel razor blade?
       Bm   **Am**
That's right, it's come to this, yes it's come to this,
B♭   **D**   **G**
   And wasn't it a long way down,
B♭   **D**   **G**
   Wasn't it a strange way down?

Verse 2

Bm   C#m
There's no hot water and the cold is running thin.

Bm
Well, what do you expect from the kind of places

      C#m
You've been living in?

   Bm   C#m
Don't drink from that cup, it's all caked and cracked along the rim.

       Bm
That's not the electric light, my friend,

          C#m
That is your   vision growing dim.

Bm   Am
Cover up your face with soap, there,   now you're Santa Claus.

Bm   Am
And you've got a gift for anyone who will   give you his applause.

Bm   C#m
I thought you were a racing man, oh, but you couldn't take the pace.

      Bm   C#m
That's a   funeral in the mirror and it's stopping at your face.

            Bm   Am
That's right, it's come to this, yes it's come to this,

   Bb   D   G
And wasn't it a long way down,

    Bb   D   G
Ah,   wasn't it a strange way down?

Verse 3

Bm   C#m
Once there was a path and a girl with chestnut hair,

       Bm
And you passed the summers

          C#m
Picking all of the berries that grew there;

         Bm
There were times she was a woman,

          C#m
Oh, there were times she was just a child,

       Bm   C#m
And you held her in the shadows where the raspberries grow wild.

       Bm   Am
And you climbed the twilight mountains and you sang about the view,

Bm   Am
And everywhere that you wandered love seemed to go along with yo

cont.

     Bm   **C♯m**

That's a hard one to remember, yes it   makes you clench your fist.

             Bm   **C♯m**

And then the veins stand out like highways,   all along your wrist.

             Bm   **Am**

And yes it's come to this, it's come to this,

       B♭   **D**   **G**

And wasn't it a long way down,

B♭   **D**   **G**

Wasn't it a strange way down?

Verse 4

     Bm   **C♯m**

You can still find a job, go out and talk to a friend.

             Bm   **C♯m**

On the back of every magazine there are those   coupons you can send.

               Bm

Why don't you join the Rosicrucians,

          C♯m

They will   give you back your hope.

          Bm   **C♯m**

You can find your love with diagrams on a plain brown envelope.

          Bm   **Am**

But you've used up all your coupons ex - cept the one that seems

               Bm   **Am**

To be written   on your wrist along with several thousand dreams.

Bm   **C♯m**

   Now Santa Claus comes forward, that's a razor in his mit;

          Bm   **C♯m**

And he puts on his dark glasses and he shows you where to hit;

          Bm   **Am**

And then the   cameras pan, the stand in stunt man,

B♭   **D**   **G**

   Dress re - hearsal rag.

         B♭   **D**   **G**

It's just the dress re - hearsal rag,

               B♭   **D**   **G**

You know this dress re - hearsal rag,

           B♭   **D**   **G**

It's just a dress re - hearsal rag.

Everybody Knows

Words & Music by Leonard Cohen & Sharon Robinson

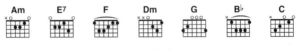

Capo fourth fret

Intro ‖ Am | E7 | Am | Am ‖

Verse 1
           Am
Everybody knows that the dice are loaded,
          F
Everybody rolls with their fingers crossed.
          Am
Everybody knows the war is over,
          F
Everybody knows the good guys lost.
        Dm   **E7**
Everybody knows the fight was fixed,
           G   **Am**
The poor stay poor, the rich get rich.
          B♭   **E7**   **Am**
That's how it goes,   everybody knows.

Verse 2
          Am
Everybody knows that the boat is leaking,
          F
Everybody knows that the captain lied.
          Am
Everybody got this broken feeling
          F
Like their father or their dog just died.
        Dm   **E7**
Everybody talking to their pockets,
          G   **Am**
Everybody wants a box of chocolates
          B♭   **E7**   **Am**
And a long stem rose,   everybody knows.

Verse 3

              Am
Everybody knows that you love me baby,

             F
Everybody knows that you really do.

             Am
Everybody knows that you've been faithful,

   F
Ah, give or take a night or two.

          Dm   **E7**
Everybody knows you've been discreet

                    G   **Am**
But there were so many people you just had to meet

          B♭   **E7**   **Am**
Without your clothes,   and everybody knows.

Bridge 1

            C   **G**
Everybody knows, everybody knows,

            Am
That's how it goes

G F   **C**
  Everybody knows.

            C   **G**
Everybody knows, everybody knows,

            Am
That's how it goes

G F
  Everybody (knows.)

Link 1

  | **C** | **C** | **Am** |
  knows.

Verse 4

               Am
And everybody knows that it's now or never,

             F
Everybody knows that it's me or you.

               Am
And everybody knows that you live forever

    F
Ah, when you've done a line or two.

          Dm   **E7**
Everybody knows the deal is rotten,

          G   **Am**
Old Black Joe's still pickin' cotton

                  B♭   **E7**   **Am**
For your ribbons and bows,   and everybody knows.

Verse 5

        Am
And everybody knows that the Plague is coming,

     F
Everybody knows that it's moving fast.

       Am
Everybody knows that the naked man and woman

    F
Are just a shining artifact of the past.

    Dm   **E7**
Everybody knows the scene is dead

             G   **Am**
But there's gonna be a meter on your bed

          B♭ **E7**   **Am**
That will disclose   what everybody knows.

Verse 6

        Am
And everybody knows that you're in trouble,

     F
Everybody knows what you've been through,

         Am
From the bloody cross on top of Calvary

F
To the beach of Malibu.

    Dm   **E7**
Everybody knows it's coming apart,

           G   **Am**
Take one last look at this Sacred Heart

       B♭ **E7**   **Am**
Before it blows   and everybody knows.

Bridge 2

        C   **G**
Everybody knows, everybody knows,

        Am
That's how it goes

G F   **C**
  Everybody knows.

            C   **G**
‖: Everybody knows, everybody knows,

        Am
That's how it goes

G F   **C**
  Everybody knows.   :‖   *Repeat to fade*

First We Take Manhattan

Words & Music by Leonard Cohen

Am   Em   D   C   B7sus4

B7♭9   B7   G   C/G   D/E   C/E

Capo first fret

Intro   ‖: (Am) | (Am) | (Em) | (Em) :‖

| Am | Am | Em | Em |

| D | C | B7sus4 B7♭9 ‖ Em | Em

Verse 1

    Am   Em
They sentenced me to twenty years of boredom

   Am   Em
For trying to change the system from within.

    Am   Em
I'm coming now, I'm coming to re - ward them.

D   C
First we take Man - hattan,

B7sus4 B7   Em
   Then we take Ber - lin.

| Em | Em | Em   ‖

Verse 2

    Am   Em
I'm guided by a signal in the heavens,

    Am   Em
I'm guided by this birthmark on my skin.

    Am   Em
I'm guided by the beauty of our weapons.

D   C
First we take Man - hattan,

B7sus4 B7   Em
   Then we take Berlin.

```
       G              C/G     G          D
       I'd really like to live be - side you, baby,
   C    D              G            C/G   G      Em
       I love your bo - dy and your spirit and your clothes,
       G                C/G      G                Em
       But you see that line there moving through the station?
       D           C        B7sus4  B7         Em
       I told you, I told you, told you, I was one of those.
```

```
            Am
       Ah, you loved me as a loser,
                 Em
       But now you're worried that I just might win.
                Am                    Em
       You know the way to stop me, but you don't have the discipline.
           Am                         Em
       How many nights I prayed for this, to let my work begin.
       D                 C
       First we take Man - hattan,
       B7sus4  B7              Em
          Then we take Ber - lin.
```

| Em | Em | Em ‖ |

```
       Am                             Em
       I don't like your fashion business, mister,
           Am                          Em
       And I don't like these drugs that keep you thin.
       Am                     Em
       I don't like what happened to my sister.
       D                 C
       First we take Man - hattan,
       B7sus4  B7              Em
          Then we take Ber - lin.
```

| Em | Em | Em ‖ |

```
       G              C/G     G          D
       I'd really like to live be - side you, baby,
   C    D        G              C/G   G      Em
       I love your body and your spirit and your clothes,
           G                C/G   G        Em
       But you see that line there moving through the station?
       D         C        B7sus4  B7         Em
       I told you, I told you, told you, I was one of those.
```

Am   **Em**
And I thank you for those items that you sent me:

Am   **Em**
The monkey and the plywood violin.

Am   **Em**
I practised every night, now I'm ready.

D   **C**
First we take Man - hattan,

B7sus4 **B7**   **Em**
   Then we take Ber - lin.

     D/E **C/E** **B7**
(I am gui - - - ded.)

   Am   **Em**
Ah, remember me, I used to live for music,

   Am   **Em**
Re - member me, I brought your groceries in.

    Am   **Em**
Well it's Father's Day and everybody's wounded.

D   **C**
First we take Man - hattan,

B7sus4 **B7**   **Em**
   Then we take Ber - lin.

Coda ‖: **Em** | **Em** | **Em** | **Em** :‖ *Repeat to fade*

59

The Faith

Words & Music by Leonard Cohen

A   D   Bm   E   F#m   C#

Intro

| A | D | A | A |

| Bm | E | A | A ‖

Verse 1

A
The sea so deep and blind,

    F#m   D   E
The sun, the wild re - gret.

                 A
The club, the wheel, the mind,

    Bm   C# F#m
O love, aren't you tired yet?

 A   D   A
The club, the wheel, the mind,

    Bm   E   A   Bm E A
O love, aren't you tired yet?

Verse 2

A
The blood, the soil, the faith,

        F#m   D   E
These   words you can't for - get.

              A
Your vow, your holy place,

    Bm   C# F#m
O love, aren't you tired yet?

 A   D   A
The blood, the soil, the faith,

    Bm   E   A   Bm E A
O love, aren't you tired yet?

A
A cross on every hill,

F♯m D   E
A star, a mina - ret.

               A
So many graves to fill,

  Bm   C♯ F♯m
O love, aren't you tired yet?

A   D   A
So many graves to fill,

  Bm   E   A
Oh love, aren't you tired yet?

Instr.

A	A	A	A
F♯m	D	E	E
E	E	A	A
Bm	C♯	F♯m	F♯m
A	D	A	A
Bm	E	A	A

Verse 4

A
The sea so deep and blind

        F♯m   D   E
Where still the sun must set,

              A
And time itself un - wind,

  Bm   C♯ F♯m
O love, aren't you tired yet?

A   D   A
And time it - self un - wind,

  Bm   E   A   Bm E A
O love, aren't you tired yet?

Famous Blue Raincoat

Words & Music by Leonard Cohen

Am7   F   Dm   Em7   Bm7   G   C   Gadd9

Tune bottom string down one tone to D

Intro   ‖: Am7 | F | Dm | Em7 :‖

Verse 1

                 Am7   **F**
It's four in the morning, the end of December,

Dm   **Em7**
   I'm writing you now just to see if you're better.

Am7   **F**
New York is cold, but I   like where I'm living,

         Dm   **Em7**
There's   music on Clinton Street all through the evening.

Am7   **Bm7**   **Am7**   **Bm7**
   I hear that you're building your little house deep in the desert.

Am7   **G**
   You're living for nothing now,

             Am7   **G**
I hope you're keeping some kind of record.

         C   **Gadd9**
Yes, and Jane came by with a lock of your hair,

                   Am7
She said that you gave it to her,

                     Bm7 **G**
That night that you planned to go clear,

F   **Em7**
   Did you ever go clear?

Verse 2

         Am7   **F**
Ah, the last time we saw you you looked so much older,

     Dm   **Em7**
Your famous blue raincoat was torn at the shoulder,

        Am7   **F**
You'd been to the station to meet every train,

     Dm   **Em7**
And   you came home without Lili Marlene.

         Am⁷   **Bm⁷**   **Am⁷**   **Bm⁷**
And you treated my woman to a flake of your life

Am⁷   **G**   **Am⁷**   **G**
And when she came back she was nobody's wife.

        C   **Gadd⁹**
Well I see you there with the rose in your teeth,

               Am⁷
One more thin gypsy thief.

                  Bm⁷   **G**
Well I see Jane's a - wake

F   **Em⁷**
She sends her regards.

       | **Am⁷** | **F** | **Dm** | **Em⁷**   ‖

         Am⁷   **F**
And what can I tell you my brother, my killer,

Dm   **Em⁷**
What can I possibly say?

        Am⁷   **F**
I guess that I miss you, I guess I forgive you,

Dm   **Em⁷**
I'm glad you stood in my way.

Am⁷   **Bm⁷**   **Am⁷**   **Bm⁷**
If you ever come by here, for Jane or for me,

Am⁷   **G**   **Am⁷**   **G**
Well, your enemy is sleeping, and his woman is free.

          C   **Gadd⁹**
Yes, and thanks, for the trouble you took from her eyes

               Am⁷   **Bm⁷**   **G**
I thought it was there for good so I never tried.

         C   **Gadd⁹**
And Jane came by with a lock of your hair,

               Am⁷
She said that you gave it to her,

                  Bm⁷   **G**
That night that you planned to go clear.

F   **Em⁷**
Sincerely, L. Cohen

| **Am⁷** | **F** | **Dm** | **Em⁷**   ‖

Field Commander Cohen

Words & Music by Leonard Cohen

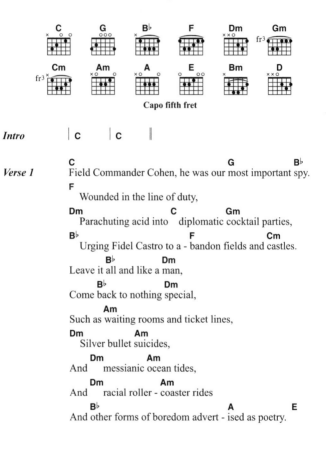

Capo fifth fret

Intro | C | C ‖

Verse 1
C   G   B♭
Field Commander Cohen, he was our most important spy.
F
  Wounded in the line of duty,
Dm   C   Gm
  Parachuting acid into   diplomatic cocktail parties,
B♭   F   Cm
  Urging Fidel Castro to a - bandon fields and castles.
         B♭   Dm
Leave it all and like a man,
         B♭   Dm
Come back to nothing special,
         Am
Such as waiting rooms and ticket lines,
Dm   Am
  Silver bullet suicides,
      Dm   Am
And   messianic ocean tides,
      Dm   Am
And   racial roller - coaster rides
      B♭   A   E
And other forms of boredom advert - ised as poetry.

Chorus 1

Bm   **D**
I know you need your sleep now,

A
I know your life's been hard.

Bm   **D**
But many men are   falling,

               A
Where you pro - mised to stand guard.

Verse 2

C   **G**   **B♭**
I never asked but I heard you cast your lot along with the poor.

F
But then I overheard your prayer,

Dm
That   you be this and nothing more

C   **Gm**   **B♭**
Than   just some grateful faithful woman's

Favourite singing millionaire,

   F   **Cm**   **B♭**   **Dm**
The Patron Saint of Envy and the grocer of des - pair,

E   **A**   **E**
Working for the Yankee Dollar.

Chorus 2   As Chorus 1

Verse 3

C   **G**   **B♭**
Ah, lover come and lie with me, if my lover is who you are,

F   **Dm**
And be your sweetest self awhile un - til I ask for more, my child.

     C   **Gm**   **B♭**
Then   let the other selves be wrong, yeah,   let them manifest and come

    F   **Cm**
Till   every taste is on the tongue,

   B♭   **Dm**
Till love is pierced and love is hung,

   B♭   **Dm**
And every kind of freedom done, then oh,

Am   **F**   **Am**   **F**   **Am**   **F**
Oh my love, oh my love, oh my love,

Am   **F**   **Am**   **F**   **Am**   **F**
Oh my love, oh my love, oh my love. *Fade out*

The Future

Words & Music by Leonard Cohen

Intro | Am | Am | Am | Am ||

Verse 1

Am   Dm
Give me back my broken night, my mirrored room, my secret life,
      G#dim   E   Am
It's lonely here, there's no one left to torture.
                                        Dm
Give me absolute control over every living soul,
      G#dim   E   Am
And lie beside me, baby,   that's an order!

Verse 2

Am   Dm
Give me crack and anal sex, take the only tree that's left
      G#dim   E   Am
And   stuff it up the hole in your culture.
                                        Dm
Give me back the Berlin wall, give me Stalin and St. Paul,
      G#dim   E   Am
I've seen the future, brother: it is murder.

Pre-chorus 1

Dm   C
Things are going to slide, slide in all directions,
          Dm   C
Won't be nothing, nothing you can measure anymore,
      Dm   F
The blizzard, the blizzard of the world has crossed the threshold
          Fm   C
And it's overturned the order of the soul.

                        G   **Am**
Chorus 1   When they said REPENT, REPENT, I wonder what they meant?
                        G   **Am**
              When they said REPENT, REPENT, I wonder what they meant?
                        G   **Am**
              When they said REPENT, REPENT, I wonder what they meant?

Link 1 | **Am** | **Am** | **Am**   ‖

              Am   **Dm**
Verse 3   You don't know me from the wind, you never will, you never did,
              G♯dim   **E**   **Am**
              I'm the little jew who wrote the Bible.

              I've seen the nations rise and fall,
                        Dm
              I've heard their stories, heard them all
                        G♯dim   **E**   **Am**
              But love's the only engine of survival.

                        Am   **Dm**
Verse 4   Your servant here, he has been told to say it clear, to say it cold:
                        G♯dim   **E**   **Am**
              It's over, it ain't going any further.
                                                        Dm
              And now the wheels of heaven stop, you feel the devil's riding crop,
                        G♯dim   **E**   **Am**
              Get ready for the future: it is murder.

              Dm   **C**
Pre-chorus 2 Things are going to slide, slide in all directions,
                        Dm   **C**
              Won't be nothing, nothing you can measure anymore,
                        Dm   **F**
              The blizzard, the blizzard of the world has crossed the threshold
                        Fm   **C**
              And it's overturned the order of the soul.

Chorus 2   As Chorus 1

Link 2 | **Am** | **Am** | **Am**   ‖

Verse 5

Am
There'll be the breaking of the ancient western code,

Dm
Your private life will suddenly explode;

Am
There'll be phantoms, there'll be fires on the road

F7   **E**
And the white man dancing.

Verse 6

Am
You'll see your woman hanging upside down

Dm
Her features covered by her fallen gown,

Am
And all the lousy little poets coming round

F7   **E**   **Am**
Tryin' to sound like Charlie Manson   and the white man dancin'.

Link 3

| **Am** | **Am** | **Am**   ‖

Verse 7

Am   **Dm**
Give me back the Berlin wall, give me Stalin and St. Paul,

Fdim   **E**   **Am**
Give me Christ or give me Hiro - shima.

                              Dm
Destroy another foetus now, we don't like children anyhow.

   Fdim   **E**   **Am**
I've seen the future, baby: it is murder.

Pre-chorus 3

Dm   **C**
Things are going to slide, slide in all directions,

       Dm   **C**
Won't be nothing, nothing you can measure anymore,

   Dm   **F**
The blizzard, the blizzard of the world has crossed the threshold

      Fm   **C**
And it's overturned the order of the soul.

Chorus 3

                   G   **Am**
When they said REPENT, REPENT, I wonder what they meant?

                   G   **Am**
When they said REPENT, REPENT, I wonder what they meant?

                   G   **Am**
When they said REPENT, REPENT, I wonder what they meant?

                   G   **Am**
When they said REPENT, REPENT.

Joan Of Arc

Words & Music by Leonard Cohen

A   E   D   B   E*   E7   Bm

Tune guitar down one tone

Intro   ‖: A | A | A | A   :‖

Verse 1

   A   E
Now the flames they followed Joan of Arc
  D   A
    As she came riding through the dark,
  B   E*
    No moon to keep her armour bright,
  B   A   E E7
    No man to get her through this   very smoky night.
  A   E
    She said, "I'm tired of the war,
  D   A
    I want the kind of work I had before,
  B   E*
    A wedding dress or some - thing white
    B   A   E
To wear upon my   swollen ap - petite."

Chorus 1

  E*   Bm
    La la la, la la la, la la la la la la.
          D
La la la la la la.
          A E
La la la la la la.
          A
La la la la la la.

Verse 2

   A   E
Well, I'm glad to hear you talk this way,

   D   A
   You know I've watched you riding every day.

   B   E*
   And something in me yearns to win

   B   A   E   E7
   Such a cold and lonesome hero - ine.

   A   E
   "And who are you?" she sternly spoke

   D   A
   To the one be - neath the smoke.

   B   E*
   "Why, I'm fire,"   he replied,

          B   A   E
"And I love your soli - tude, I love your pride."

Chorus 2   As Chorus 1

Verse 3

   A   E
"Then fire, make your   body cold,

   D   A
   I'm going to give you mine to hold,"

   B   E*
   Saying this she climbed inside

     B   A   E   E7
To be his one, to be his only bride.

   A   E
   And deep into his fiery heart

   D   A
   He took the dust of Joan of Arc,

   B   E*
   And high above the wedding guests

     B   A   E
He hung the ashes   of her wedding dress.

Chorus 3   As Chorus 1

Verse 4

    A   **E**
It was deep into his fiery heart,

    D   **A**
  He took the dust of Joan of Arc.

    B   **E***
  And then she clearly understood

    B   **A**   **E**   **E⁷**
If he was fire,   oh then she must be wood.

    A   **E**
  I saw her wince,   I saw her cry,

    D   **A**
  I saw the glory in her eye.

    B   **E***
  Myself I long for love and light,

    B   **A**   **E**
  But must it come so cruel,   and oh so bright?

Chorus 4   As Chorus 1

Go No More A-Roving

Words by Lord Byron
Music by Leonard Cohen

Chord diagrams: C, G, F, G/B, B♭/F, Fmaj7, A♭dim7 (fr3), Am, C/G, Gsus4, Fm (fr3), D7, C/E, D, G/D

Capo first fret

Intro

   C   G   F   G
(Ooh,   so we'll go no more,   no more.

   C   G/B   F   G
Ooh,   so we'll go no more a - roving.)

Verse 1

 (G)   C   G/B
So we'll go no more a - roving

       F   G
So late into the night,

             C   G/B
Though the heart be still as loving,

           F   G
And the moon be still as bright.

           F   B♭/F
For the sword outwears its sheath,

           F   B♭/F
And the soul outwears the breast,

          Fmaj7   **A♭dim7**
And the heart must pause to breathe,

             Am   **C/G**
And love it - self have rest.

Gsus4   **G**
(Ooh,   love have…)

(G)   C   G/B
Though the night was made for loving,

        F   G
And the day returns too soon,

        C   G/B
Yet we'll go no more a - roving

       F   G
By the light of the moon.

       F   **Fm**   **C**   **D7** **C/E** **G**
By the light of the moon.

Bridge

    F   **B♭/F**   **F**
(Ooh. For the sword outwears its sheath,

        B♭/F   **Fmaj7**   **A♭dim7**
And the soul outwears the breast.

    Am   **C/G**   **Gsus4**
And love itself have rest.

G
Love have…)

Verse 2

(G)   **C**   **G/B**
Though the night was made for loving,

       F   **G**
And the day returns too soon,

      C   **G/B**
Yet we'll go no more a - roving

     F   **G**
By the light of the moon.

     F   **G**   **Am**
We'll go no more a - roving,

     F   **G**   **Am**
We'll go no more a - roving,

     F   **G**   **Am**
We'll go no more a - roving

       D   **G/D** **(C)**
By the light of the moon.

Outro

C   **G**   **F**   **G**   **C**
(Ooh,   so we'll go no more,   no more a - rov - ing.)

The Guests

Words & Music by Leonard Cohen

E(add♯9)   D(add11)   C   E   A   D   Cadd9

Intro | E(add♯9) | E(add♯9) | E(add♯9) | E(add♯9) |

Verse 1
E(add♯9)   D(add11)   C   D(add11)
   One by one,   the guests arrive,   the guests are coming through.
E(add♯9)   D(add11) C   E
   The open-hearted many,   the broken-hearted few.

Chorus 1
                A   D
And no one knows where the night is going,
                A   D
And no one knows why the wine is flowing.
C   C(add9) C   C(add9) C   C(add9) C   C(add9) C
Oh love, I need   you, I need   you, I need   you, I need   you,
E   A
Oh… I need you now.

Verse 2
E(add♯9)   D(add11)   C   D(add11)
And those who dance, begin to dance, those who weep be - gin
              E(add♯9)   D(add11)   C
And "Welcome, welcome"   cries a voice,
                                        E
"Let all my guests come in."

Chorus 2   As Chorus 1

Verse 3
E(add♯9)   D(add11)   C   D(add11)
   And all go stumbling through that house in lonely secre - cy,
E(add♯9)   D(add11)   C   E
Saying "Do reveal yourself" or "Why has thou for - saken me?"

Chorus 3   As Chorus 1

Verse 4	E(add♯9)	D(add11) C	D(add11)

E(add♯9)   D(add11) C   D(add11)

Verse 4   All at once the torches   flare,   the inner door flies open,

E(add♯9)   D(add11)   C   E

     One by one   they enter there   in every style of passion.

Chorus 4   As Chorus 1

E(add♯9)   D(add11)   C

Verse 5   And here they take their sweet repast,

                            D(add11)

While house and grounds dissolve,

E(add♯9)   D(add11)   C   E

    And one by one the guests are cast be - yond the garden wall.

Chorus 5   As Chorus 1

E(add♯9)   D(add11)   C   D(add11)

Verse 6   Those who dance,   begin to dance,   those who weep be - gin.

E(add♯9)   D(add11)   C   E

    Those who earnest - ly are lost are lost and lost a - gain.

Chorus 6   As Chorus 1

E(add♯9)   D(add11)   C   D(add11)

Verse 7   One by one   the guests arrive,   the guests are coming through,

E(add♯9)   D(add11) C   E

    The broken-hearted many,   the open-hearted few.

Chorus 7   As Chorus 1

Outro | E(add♯9) | D(add11) | C | D(add11) |

              | E(add♯9) | D(add11) | C | E |

              | A | D | A | D |

              Ooh._____

              | C | C(add9) C C(add9) C | C(add9) C C(add9) C |

              Ooh._____

              | E | E | E | A   ‖

              Ooh._____

The Gypsy's Wife

Words & Music by Leonard Cohen

Em7   E   C♯m   G♯   B   A   F♯m   G6

Intro   ‖: Em7 | Em7 | E | E :‖ *Play 4 times*

Verse 1

       C♯m   G♯   C♯m
And where, where, where is my Gypsy wife tonight?
                          G♯   C♯m
I've heard all the wild re - ports, they can't be right.
      B   A
But whose head is this she's dancing with on the threshing floor?
      B   F♯m
Whose darkness deepens in her arms a little more?

Chorus 1

        A   E
And where, where is my Gypsy wife tonight?
A   E
Where, where is my Gypsy wife tonight?

Link 1   ‖: Em7 | Em7 | E | E :‖

Verse 2

       C♯m   G♯   C♯m
Ah, the silver knives are flashing in the tired old café,
                         G♯   C♯m
A ghost climbs on the table in a bridal negligee.
      B   A
She says, "My body is the light, my body is the way."
      B   F♯m
I raise my arm against it all and I catch the bride's bouquet.

Chorus 2   As Chorus 1

Link 2   As Link 1

Instr.	C♯m	C♯m	G♯	G♯
	C♯m	C♯m	C♯m	C♯m
	C♯m	C♯m	G♯	G♯
	C♯m	C♯m	C♯m	C♯m
	B	B	B	B
	A	A	A	A
	B	B	B	B
	F♯m	F♯m	F♯m	F♯m ‖
	‖: A	A	A	A
	E	E	E	E :‖

Link 3   As Link 1

Verse 3
       C♯m   G♯   C♯m
Too early for the rainbow, too early for the dove,
               G♯   C♯m
These are the final days, this is the darkness, this is the flood.
          B   A
And there is no man or woman who can't be touched,
       B   F♯m
But you who come between them will be judged.

Chorus 3   As Chorus 1

Outro   ‖: Em7 | Em7 | E | E :‖ *Play 3 times*
          G⁶ | G⁶ | E ‖

Hallelujah

Words & Music by Leonard Cohen

C   G   Am   F   E

Intro | C   G   ‖

Verse 1
             C   Am
Now I've heard there was a secret chord
        C   Am
That David played, and it pleased the Lord
     F   G   C   G
But you don't really care for music, do you?
    C   F   G
It goes like this: the fourth, the fifth,
      Am   F
The minor fall, the major lift,
     G   E   Am
The baffled king com - posing Halle - lujah.

Chorus 1
         F   Am   F
Halle - lujah, Halle - lujah, Halle - lujah,
     C G C   G
Halle - lu - jah.

Verse 2
        C   Am
Your faith was strong but you needed proof,
     C   Am
You saw her bathing on the roof,
    F   G   C   G
Her beauty and the moonlight overthrew you.
    C   F   G
She tied you to a kitchen chair,
    Am   F
She broke your throne, and she cut your hair
    G   E   Am
And from your lips she drew the Halle - lujah.

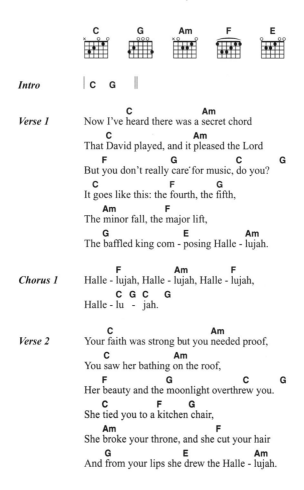

Chorus 2

      F   **Am**   **F**
Halle - lujah, Halle - lujah, Halle - lujah,

      C G C **G**
Halle - lu - jah.

Verse 3

  C   **Am**
You say I took the name in vain,

C   **Am**
I don't even know the name,

   F   **G**   **C**   **G**
But if I did, well really, what's it to you?

      C   **F**   **G**
There's a blaze of light in every word,

 Am   **F**
It doesn't matter which you heard:

 G   **E**   **Am**
The holy or the broken Halle - lujah.

Chorus 3

      F   **Am**   **F**
Halle - lujah, Halle - lujah, Halle - lujah,

      C G C **G**
Halle - lu - jah.

Verse 4

  C   **Am**
I did my best, it wasn't much,

  C   **Am**
I couldn't feel, so I tried to touch.

   F   **G**   **C**   **G**
I've told the truth, I didn't come to fool you

   C   **F**   **G**
And even though it all went wrong

  Am   **F**
I'll stand before the Lord of Song

  G   **E**   **Am**
With nothing on my tongue but Halle - lujah.

Chorus 4

      F   **Am**   **F**
‖: Halle - lujah, Halle - lujah, Halle - lujah,

      C **G**
Halle - lu - jah. :‖   *Repeat to fade*

Hey, That's No Way
To Say Goodbye

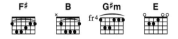

F♯   B   G♯m   E

Tune guitar down one semitone

Intro | F♯ | F♯   ‖

Verse 1
    B
I loved you in the morning, our kisses deep and warm,
      G♯m
Your hair upon the pillow like a sleepy golden storm.

      E
Yes,   many loved before us, I know that we are not new,
    B
In city and in forest they smiled like me and you,
     G♯m
But now it's come to distances and both of us must try,
     E
Your eyes are soft with sorrow,
F♯   **B** **F♯**
    Hey, that's no way to say good - bye. ___

Link 1 | F♯ | F♯ | F♯   ‖

Verse 2
      B
I'm not looking for another as I wander in my time,
G♯m
Walk me to the corner, our steps will always rhyme.
    E
    You know my love goes with you as your love stays with me,
    B
It's just the way it changes, like the shoreline and the sea,

cont.
       G♯m

But let's not talk of love or chains and things we can't untie,

      E

Your eyes are soft with sorrow,

F♯   **B**   **F♯**

  Hey, that's no way to say good - bye. ___

Link 2 | **F♯** | **F♯** | **F♯**   ‖

      B

Verse 3   I loved you in the morning, our kisses deep and warm,

        G♯m

Your hair upon the pillow like a sleepy golden storm.

    E

Yes   many loved before us, I know that we are not new,

   B

In city and in forest they smiled like me and you,

      G♯m

But let's not talk of love or chains and things we can't untie,

      E

Your eyes are soft with sorrow,

F♯   **B**   **F♯**

  Hey, that's no way to say good - bye. ___

Coda | **F♯** | **F♯**   ‖

                Fade out

Humbled In Love

Words & Music by Leonard Cohen

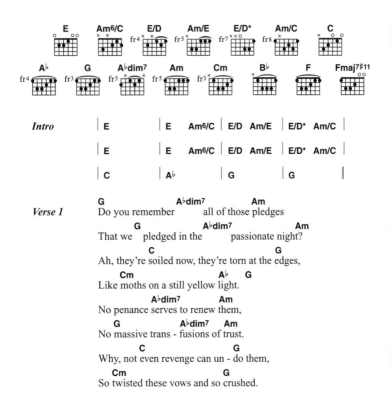

Intro | E | E Am6/C | E/D Am/E | E/D* Am/C |

| E | E Am6/C | E/D Am/E | E/D* Am/C |

| C | A♭ | G | G   ‖

Verse 1

        G   A♭dim7   Am
Do you remember   all of those pledges

             G   A♭dim7   Am
That we   pledged in the   passionate night?

              C   G
Ah, they're soiled now, they're torn at the edges,

          Cm   A♭ G
Like moths on a still yellow light.

              A♭dim7   Am
No penance serves to renew them,

          G   A♭dim7   Am
No massive trans - fusions of trust.

              C   G
Why, not even revenge can un - do them,

          Cm   G
So twisted these vows and so crushed.

Chorus 1

G   B♭
And you say you've been humbled in love,

F
Cut down in your love,

B♭   F
Forced to kneel in the mud next to me.

B♭   F
Ah, but why so bitterly turn from the one

Am   Fmaj7♯11 E
Who kneels there as deeply as thee.

Link 1   ‖ E   Am6/C │ E/D Am/E │ E/D* Am/C ‖

G   A♭dim7   Am
Verse 2   Children have taken these pled - ges,

G   A♭dim7   Am
They have ferried them   out of the past.

C   G
Oh, be - yond all the graves and the hedges,

Cm   A♭   G
Where love must go hiding at last.

G   A♭dim7   Am
And here where there is no des - cription,

G   A♭dim7   Am
Oh, here in the moment at hand.

C   G
No sinner need rise up for - given,

Cm   G
No victim need limp to the stand.

Chorus 2   As Chorus 1

Link 2   As Link 1

G   A♭dim7   Am
And look dear heart,   look at the virgin,

           G   A♭dim7   Am
Look how she welcomes him into her gown.

          C   G
Yes, and mark how the stranger's cold armour

    Cm   A♭   G
Dis - solves like a star falling down.

G   A♭dim7   Am
Why trade this vision for de - sire,

G   A♭dim7   Am
When you may have them both?

           C   G
You will never see a man this naked,

     Cm   G
I will never hold a woman this close.

Chorus 3   As Chorus 1

Outro

| E   Am6/C | E/D   Am/E | E/D*   Am/C | E |

| E   Am6/C | E/D   Am/E | E/D*   Am/C | C ‖

I Tried To Leave You

Words & Music by Leonard Cohen

E   Bm   D   A   C   G   B

Tune guitar slightly flat

Intro | E | Bm | E | Bm   ‖

Verse 1
    E   Bm   E
    I tried to leave you,
           Bm   E
I don't de - ny.
           Bm
I closed the book on us
       D   A
At least a hundred times.
       C   G   B
I'd wake up every morn - ing by your side.

Verse 2
    E   Bm   E
    The years go by,
           Bm   E
You lose your   pride.
           Bm
The baby's   crying,
          D   A
So you do not go out - side,
       C   G   B
And all your work it's right before your eyes.

Verse 3
    E   Bm   E
    Goodnight, my darling,
           Bm   E
I hope you're   satisfied,
           Bm
The bed is kind of narrow,
       D   A
But my arms are open wide.
  C   G   B
    And here's a man still working for your smile.

Outro   ‖: E | Bm B | E | Bm B :‖ *Repeat to fade*

I Can't Forget

Words & Music by Leonard Cohen

C#   F#   D   E   D#m   Bm   G#m   A#7

Intro | C# | C# | C# | F# |

| B | F# | B | D |

| E | F# | C# | C# ‖

Verse 1

F#
I stumbled out of bed, I got
D#m
ready for the struggle.
F#   D#m
I smoked a cigarette and I   tightened up my gut.
B   Bm   G#m   A#7   E   D#m
I said this can't be me,   must be my   double.

Chorus 1

F#   B   F#
And I can't for - get, (I can't for - get),
B   (D)
I can't for - get, (I can't for - get),
D   E   F#
I can't forget, but I don't remember what.

Link 1 | F# | B | F# | B |

| D | E | F# | C# | C# ‖

Verse 2

F#
I'm burning up the road, I'm
D#m
heading down to Phoenix,
F#   D#m   C#
I got this old address of someone that I knew.
B   Bm   G#m   A#7   E   D#m
It was high and fine and free, ah, you should have seen us.

Chorus 2

> F♯   B   F♯
> And I can't for - get, (I can't for - get),
>
>   B   (D)
> I can't for - get, (I can't for - get),
>
> D   E   F♯
> I can't forget, but I don't remember who.

Bridge

> (F♯)   A♯7   D♯m   A♯7
> I'll be there today with a big bouquet of cactus,
>
> E   D♯m   C♯
> I got this rig that runs on memories.
>
>   D♯m   B   F♯   D♯m
> And I promise, cross my heart, they'll never catch us,
>
>   D   C♯
> But if they do just tell them it was me.

Verse 3

> (C♯)   F♯   D♯m
> Yeah, I loved you all my life, and that's how I want to end it.
>
> F♯   D♯m   C♯
>   The summer's almost gone, the winter's tuning up.
>
>   B   Bm   G♯m   A♯7   E   D♯m
> Yeah, the summer's gone but a lot goes on for - ever.

Chorus 3

> F♯   B   F♯
> And I can't for - get, (I can't for - get),
>
>   B   (D)
> I can't for - get, (I can't for - get),
>
> D   E   (F♯)
> I can't forget, but I don't remember what.

Outro

‖: F♯ | B | F♯ | B |

| D | E | F♯ | F♯   :‖   *Play five times to fade*

If It Be Your Will

Words & Music by Leonard Cohen

B   E   F#m   D   C#m   A

Tune guitar slightly flat

Intro
| B | B   ‖

Verse 1
E   F#m D   C#m
If it be your will   that I speak no more,

E   F#m A   E
And my voice be still   as it was be - fore,

C#m   B   C#m   B
I will speak no more, I shall abide until,

A   E   B
I am spoken for if it be your will.

Verse 2
E   F#m D   C#m
If it be your will   that a voice be true,

E   F#m A   E
From this broken hill   I will sing to you.

C#m   B   C#m   B
From this broken hill all your praises they shall ring,

A   E   B
If it be your will to let me sing.

Link 1
| E | F#m | D | C#m |

| E | F#m | A | E   ‖

Bridge
C#m   B
From this broken hill

          C#m   B
All your praises they shall ring,

A   E   B
If it be your will to let me sing.

Verse 3

```
    E                 F#m  D              C#m
    If it be your will,    if there is a choice
    E                 F#m  A              E
    Let the rivers fill,    let the hills rejoice,
C#m              B                 C#m              B
    Let your mercy spill on all these burning hearts in hell
A            E      B
    If it be your will to make us well.
```

Verse 4

```
    E                 F#m  D              C#m
    And draw us near    and bind us tight,
    E                 F#m  A              E
    All your children   here    in their rags of light.
C#m              B      C#m          B
    In our rags of light   all dressed to kill,
A            E          B
    And end this night if it be your will,
                    E
If it be your will.
```

I'm Your Man

Words & Music by Leonard Cohen

Intro

| Em | Em | Bm | Bm |

| G13 | F♯ | Bm | Bm |

Verse 1

Bm   Em   D
If you want a lover, I'll do anything you ask me to.

         Em   D
And if you want an - other kind of love, I'll wear a mask for you.

      Bm
If you want a partner take my hand,

        G
Or if you want to strike me down in anger,

A   Bm
 Here I stand, I'm your man.

Verse 2

Bm   Em   D
If you want a boxer, I will step into the ring for you.

         Em   D
And if you want a doctor, I'll examine every inch of you.

      Bm
If you want a driver climb inside,

        G
Or if you want to take me for a ride,

    A   Bm
You know you can, I'm your man.

Bridge

 (Bm) D   G
Ah, the moon's too bright, the chain's too tight,

   A   D
The beast won't go to sleep.

      F♯m
I've been running through these promises to you

     Bm
That I made and I could not keep.

cont.
F♯m
Ah, but a man never got a woman back

Bm
Not by begging on his knees.

  G   **F♯**
Or I'd crawl to you baby and I'd fall at your feet,

  G   **F♯**
And I'd howl at your beauty like a dog in heat,

  G   **E**
And I'd claw at your heart and I'd tear at your sheet.

     A
I'd say please, (please,)

     Bm
I'm your man.

Instr.
‖: Bm	Bm	Em	Em :‖
D	D	Bm	Bm
G⁷	G⁷	F♯	F♯
Bm	Bm ‖		

Verse 3
(Bm)   **Em**   **D**
And if you've got to sleep a moment on the road, I will steer for you.

               Em   **D**
And if you want to work the street alone, I'll disap - pear for you.

     Bm
If you want a father for your child,

       G   **A**
Or only want to walk with me a while across the sand,

     Bm
I'm your man.

Outro
Bm   **Em**   **D**
If you want a lover, I'll do anything that you ask me to.

              Em   **D**
And if you want an - other kind of love, I'll wear a mask for you.
Fade out

In My Secret Life

Words & Music by Leonard Cohen & Sharon Robinson

Dm   C/E   F   B♭   C   Gm7   Am7

Intro

|Dm   C/E F Dm   C/E F|
(In my se - cret life,   in my se - cret life.

|Dm   C/E F Dm   C/E F|
In my se - cret life,   in my se - cret life.)

Verse 1

F
I saw you this morning.

           Dm
You were moving so fast.

       B♭   **C**
Can't seem to loosen my grip on the past.

   F
And I miss you so much.

          Dm
There's no one in sight.

    B♭   **C**
And we're still making love

Dm   **C/E F Dm**   **C/E F**
In my se - cret life,   in my se - cret life.

Verse 2

F
I smile when I'm angry.

      Dm
I cheat and I lie.

   B♭   **C**
I do what I have to do to get by.

    F
But I know what is wrong.

         Dm
And I know what is right.

   B♭   **C**
And I'd die for the truth

Dm   **C/E F Dm**   **C/E F**
In my se - cret life,   in my se - cret life.

       Dm   **C**   **B♭**
Hold on, hold on, my brother.

      Dm **C**   **B♭**
My sister, hold on tight.

    Dm   **C**   **B♭**
I finally got my or - ders,

       Gm7
I'll be marching through the morning,

Am7
Marching through the night,

B♭
Moving cross the borders

     C
Of my secret life.

Verse 3

  F
   Looked through the paper.

            Dm
Makes you want to cry.

     B♭   **C**
Nobody cares if the people live or die.

  F
   And the dealer wants you thinking

          Dm
That it's either black or white.

    B♭   **C**
Thank God it's not that simple

In my secret life.

Verse 4

  F
   I bite my lip.

           Dm
I buy what I'm told:

B♭   **C**
   From the latest hit to the wisdom of old.

     F
But I'm always alone.

          Dm
And my heart is like ice.

     B♭   **C**
And it's crowded and cold

‖: **Dm**   **C/E** **F** **Dm**   **C/E** **F**
   In my se - cret life,   in my se - cret life. :‖ *Repeat 4 times to fade*

Lady Midnight

Words & Music by Leonard Cohen

A   E   D   A7   Bm   E7

Capo third fret

Intro | A | A | A | A ||

Verse 1

       E   D   A
I came by myself to a very crowded place;
   E   D   A
I was looking for someone who had lines in her face.
               A7   D
I found her there but she was past all concern;
A   D   Bm
I asked her to hold me, I said, "Lady, unfold me,"
         A   D   E
But she scorned me and she told me I was dead
E7   A
   And I could never return.

Verse 2

      E   E7   D   A
Well, I argued all night like so many have before,
      E   E7   D   A
Saying, "Whatever you give me, I seem to need so much more."
                  A7   D
Then she pointed at me where I kneeled on her floor,
          A   D   Bm
She said, "Don't try to use me or slyly refuse me,
A   D
   Just win me or lose me,
      E   E7   A
It is this that the darkness is for."

Verse 3

         E   **E⁷ D**   **A**
I cried, "Oh, Lady Midnight,   I fear that you grow old,

E   **E⁷**   **D**   **A**
   The stars eat your body and the wind makes you cold."

                        A⁷   **D**
"If we cry now," she said, "it will just be ignored."

     A   **D**   **Bm**
So I walked through the morning,   sweet early morning,

      A   **D**
I could hear my lady calling,

         E   **E⁷**   **A**
"You've won me, you've won me, my lord,

       E   **E⁷**   **A**
You've won me, you've won me, my lord,

          E   **E⁷**   **A**
Yes, you've won me, you've won me, my lord,

        E   **E⁷**   **A**
Ah, you've won me, you've won me, my lord."

                                Fade out

The Land Of Plenty

Words & Music by Leonard Cohen & Sharon Robinson

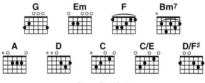

Capo first fret

Intro ‖: G Em │ F   │ G Em │ F   :‖

                  G   **Em**   **F**

Verse 1   Don't really have the courage

        G   **Em**   **F**
To stand where I must stand,

        G   **Em**   **F**
Don't really have the temperament

      G   **Em**   **F**
To lend a helping hand.

      Em   **Bm⁷**   **Em**
Don't really know who sent me

     A   **D**
To raise my voice and say:

         G   **F**   **C**
"May the lights in The Land of Plenty

        D   **G**
Shine on the truth some day."

Link 1   │ G Em │ F   │ G Em │ F   ‖

        G   **Em**   **F**

Verse 2   I don't know why I've come here,

   G   **Em** **F**
   Knowing as I do,

   G   **Em** **F**
What you really think of me,

       G   **Em**   **F**
What I really think of you.

cont.

```
         Em      Bm7  Em
For the millions in a   prison,

      A              D
That wealth has set a - part,

      G         F         C
For the Christ who has not risen,

              D      G
From the caverns of the heart.
```

Bridge 1

```
          C/E     D/F♯     G
For the inner - most de - cision

          C/E     D/F♯    G
That we cannot but  o - bey.

      C          D        Em
For what's left of our re - ligion,

   A                   D
   I lift my voice and   pray:

            G            Em    F    G  Em  F
"May the lights in The Land of Plenty,

            G        Em       F    G  Em  F
May the lights in The Land of Plenty,

            G         F        C
May the lights in The Land of Plenty

              D          G
Shine on the truth some day."
```

Link 2

```
| G  Em | F       | G  Em | F       ‖
```

Verse 3

```
   G       Em     F
I know I said I'd meet you,

   G        Em    F
I'd meet you at the store,

   G      Em    F
But I can't buy it, baby,

   G      Em     F
I can't buy it anymore.

         Em   Bm7       Em
And I don't really know who sent me,

      A              D
To raise my voice and say:

            G          F        C
"May the lights in The Land of Plenty

              D          G
Shine on the truth some day."
```

97

Bridge 2

               C/E   **D/F#**   **G**
For the inner - most de - cision

               C/E   **D/F#**   **G**
That we cannot but o - bey.

      C   **D**   **Em**
For what's left of our re - ligion,

A   **D**
  I lift my voice and   pray:

          G   **Em**   **F**   **G** **Em** **F**
May the lights in The Land of Plenty,

          G   **Em**   **F**   **G** **Em** **F**
May the lights in The Land of Plenty,

          G   **F**   **C**
May the lights in The Land of Plenty

             D   **G**
Shine on the truth some day.

Outro   ‖: **G Em** │ **F**   │ **G Em** │ **F**   :‖ *Repeat to fade*

The Letters

Words & Music by Leonard Cohen & Sharon Robinson

[chord diagrams: Em, Esus2/4, B7, Cmaj7, Cmaj13#11, Am, C, D, Fm, Fsus2/4, C7, Dbmaj7, Dbmaj13#11, Db, Bbm, Eb, Csus4]

Capo third fret

Intro
| Em Esus²⁄₄ Em | B7 | Em Esus²⁄₄ Em | B7 |

Verse 1

Em   Esus²⁄₄ Em B7
You never liked to get

  Em   Esus²⁄₄ Em B7
The letters that I sent.

    Em   Esus²⁄₄ Em B7
But now you've got the gist

      Cmaj7   Cmaj13#11 Cmaj7 Cmaj13#11 B7
Of what my letters meant.

Verse 2

Em   Esus²⁄₄ Em B7
You're reading them again,

  Em   Esus²⁄₄ Em B7
The ones you didn't burn.

    Em   Esus²⁄₄ Em B7
You press them to your lips,

      Cmaj7   Cmaj13#11 Cmaj7 Cmaj13#11 B7
My pages of concern.

Chorus 1

Am   C   Em   Esus²⁄₄ Em
  I said there'd been a flood,

Am   C   Em   Esus²⁄₄ Em
  I said there's nothing left.

D   C   Cmaj13#11 C
  I hoped that you would come,

                          B7
I gave you my ad - dress.

© Copyright 2004 Old Ideas LLC/Sharon Robinson Songs, USA.
Chelsea Music Publishing Company Limited (50%)/IQ Music Limited (50%).
All Rights Reserved. International Copyright Secured.

99

Verse 3

      Fm   **Fsus²⁄₄** **Fm** **C⁷**
Your story was so long,

      Fm   **Fsus²⁄₄** **Fm** **C⁷**
The plot was so in - tense.

Fm   **Fsus²⁄₄** **Fm**   **C⁷**
It took you years   to cross

        D♭maj⁷   **D♭maj¹³♯¹¹** **D♭maj⁷** **D♭maj¹³♯¹¹** **C⁷**
The lines of self-defense.

Verse 4

Fm   **Fsus²⁄₄** **Fm**   **C⁷**
  The wounded forms   ap - pear,

    Fm **Fsus²⁄₄** **Fm**   **C⁷**
The loss,   the full ex - tent.

Fm   **Fsus²⁄₄** **Fm**   **C⁷**
And simple kind - ness here,

        D♭maj⁷   **D♭maj¹³♯¹¹** **D♭maj⁷** **D♭maj¹³♯¹¹** **C⁷**
The soli - tude of strength.

Chorus 2

D♭   **Fm** **Fsus²⁄₄** **Fm**
  I said there'd been a flood,

B♭m   **D♭**   **Fm**   **Fsus²⁄₄** **Fm**
  I said there's nothing left.

E♭   **D♭**   **D♭maj¹³♯¹¹** **D♭**
  I hoped that you would come,

          Csus⁴   **C**
I gave you my ad - dress.

Verse 5

      Em   **Esus²⁄₄**   **Em** **B⁷**
You walk into my room,

      Em   **Esus²⁄₄** **Em** **B⁷**
You stand there at my desk.

      Em   **Esus²⁄₄** **Em** **B⁷**
Be - gin your letter to

          Em   **Esus²⁄₄** **Em** **B⁷**
The one who's   coming next.

      Cmaj⁷   **Cmaj¹³♯¹¹** **Cmaj⁷** **B⁷**
Be - gin your letter to,

C   **B⁷**
Ooh.

                    (Em)
The one who's coming next.

Outro

      Em   **Esus²⁄₄** **Em**
You never liked to get

  B⁷
The letters that I sent.

    Em   **Esus²⁄₄** **Em**
But now you've got the gist

  B⁷
Of what my letters meant.

     Em   **Esus²⁄₄** **Em**
You're reading them again,

  B⁷
The ones you didn't burn.

    Cmaj⁷   **Cmaj¹³♯¹¹** **Cmaj⁷**
You press them to your lips,

    Cmaj¹³♯¹¹   **B⁷**
My pages of con - cern.

  Em   **Esus²⁄₄** **Em**
I said there'd been a flood,

    B⁷
I said there's nothing left.

  Em   **Esus²⁄₄** **Em**
I hoped that you would come,

  B⁷
I gave you my address.

    Em   **Esus²⁄₄** **Em**
Your story was so long,

  B⁷
The plot was so intense.

  Cmaj⁷   **Cmaj¹³♯¹¹** **Cmaj⁷**
It took you years to cross

  Cmaj¹³♯¹¹   **B⁷**
The lines of self - de - fence.

    Em
The wounded forms appear,

    Esus²⁄₄
The loss, the full extent.

    Em
And simple kindness here,

  N.C.
The solitude of strength.

Last Year's Man

Words & Music by Leonard Cohen

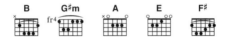

Tune guitar down one semitone

Verse 1

    B   **G♯m**
The rain falls down on last year's man.
      A   **E**
That's a jew's harp on the table, that's a crayon in his hand.
    B   **G♯m**
And the corners of the blueprint are ruined since they rolled
   A   **E**
Far past the stems of thumb-tacks that still throw shadows on the wood

Chorus 1

      A   **F♯**   **B**   **F♯**
And the skylight is like skin for a drum I'll never mend
   B   **G♯m**
And all the rain falls down, amen,
    A   **E** | **E** ||
On the works of last year's man.

Verse 2

  B   **G♯m**
I met a lady, she was playing with her soldiers in the dark,
    A   **E**
Oh, one by one she had to tell them that her name was Joan of Arc.
B   **G♯m**
  I was in that army, yes I   stayed a little while;
A   **E**
  I want to thank you, Joan of Arc,   for treating me so well.

Chorus 2

 A   **F♯**   **B**   **F♯**
And though I wear a uniform I was not born to fight;
      B   **G♯m**
All these wounded boys you lie beside,
    A   **E** | **E** ||
Good - night, my friends, good - night.

Verse 3

B   G♯m
I came upon a wedding that old families had contrived;
A   E
Bethlehem the bridegroom,   Babylon the bride.
B   G♯m
Great Babylon was naked, oh she stood there trembling for me,
A   E
And Bethlehem inflamed us both like the shy one at some orgy.

Chorus 3

A   F♯   B   F♯
And when we fell to - gether all our flesh was like a veil
      B   G♯m   A   E | E   ‖
That I had to draw a - side to see the serpent eat its tail.

Verse 4

B   G♯m
Some women wait for Jesus, and some women wait for Cain
      A   E
So I hang upon my altar and I hoist my axe again.
      B   G♯m
And I take the one who finds me back to where it all began
A   E
When Jesus was the honeymoon and Cain was just the man.

Chorus 4

         A   F♯   B   F♯
And we read from pleasant Bibles that are bound in blood and skin,
        B   G♯m   A   E | E   ‖
That the wilderness is gathering all its children back a - gain.

Verse 5

B   G♯m
The rain falls down on last year's man,
A   E
An hour has gone by and he has not moved his hand.
B   G♯m
But everything will happen if he only gives the word;
A   E
The lovers will rise up and the mountains touch the ground.

Chorus 5

         A   F♯   B   F♯
But the skylight is like skin for a drum I'll never mend
      B   G♯m
And all the rain falls down, amen,
N.C. A   E | E   ‖
On the works of last year's man.

Coda | B | B | G♯m | G♯m |

              | A | A | E | E   ‖

The Law

Words & Music by Leonard Cohen

Intro | Dm ‖

Verse 1

Dm   Am
How many times did you call me, and I knew it was late?

        Dm   Am
I left every - body, but I never went straight.

                          F   Dm
I don't claim to be guilty, but I do under - stand.

        B♭   A   Dm
There's a Law, there's an Arm, there's a Hand.

        B♭   A   Dm   A
There's a Law, there's an Arm, there's a Hand.

Verse 2

(A)   Dm   Am
Now my heart's like a blister from doing what I do,

              Dm   Am
If the moon has a sister, it's got to be you.

                          F   Dm
I'm gonna miss you for - ever, tho' it's not what I planned.

        B♭   A   Dm
There's a Law, there's an Arm, there's a Hand.

        B♭   A   Dm   A
There's a Law, there's an Arm, there's a Hand.

Verse 3

(A)   **Dm**   **Am**
Now the deal has been dirty since dirty be - gan,

         Dm   **Am**
I'm not asking for mercy, not from the man.

         F   **Dm**
You just don't ask for mercy while you're still on the stand.

     B♭   **A**   **Dm**
There's a Law, there's an Arm, there's a Hand.

     B♭   **A**   **Dm**
There's a Law, there's an Arm, there's a Hand.

Verse 4

Dm   **Am**
Ooh, ooh.

Dm   **Am**
Ooh, ooh.

         F   **Dm**
I don't claim to be guilty, guilty's too grand.

     B♭   **A**   **Dm**
There's a Law, there's an Arm, there's a Hand.

     B♭   **A**   **Dm**   **A**
There's a Law, there's an Arm, there's a Hand.

Verse 5

(A)   **Dm**   **Am**
That's all I can say, baby, that's all I can say,

         Dm   **Am**
It wasn't for nothing that they put me a - way.

         F   **Dm**
I fell with my angel down the chain of com - mand.

     B♭   **A**   **Dm**
There's a Law, there's an Arm, there's a Hand.

     B♭   **A**   **Dm**
There's a Law, there's an Arm, there's a Hand.

     B♭   **A**   **Dm**
There's a Law, there's an Arm, there's a Hand.

Outro

Dm   **Am**
Ooh, ooh.

Dm   **Am**
Ooh, ooh.

F   **Dm**
Ooh, ooh.   *To fade*

Lover Lover Lover

Words & Music by Leonard Cohen

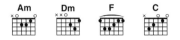

Capo seventh fret

Intro | Am | Am |

                        Dm
Verse 1   I asked my father,
                                Am
             I said, "Father change my name.
                        Dm
             The one I'm using now, it's covered up
                                        Am
             With fear and filth and cowardice and shame."

                        F   **C**
Chorus 1   Yes and lover, lover, lover, lover, lover, lover, lover come back to me,
                        F   **C**
             Yes and lover, lover, lover, lover, lover, lover, lover come back to me.

                        Dm
Verse 2   He said, "I locked you in this body,
                                Am
             I meant it as a kind of trial.
                        Dm
             You can use it for a weapon,
                                Am
             Or to make some woman smile."

Chorus 2   As Chorus 1

Verse 3	**Dm**
	"Then let me start again", I cried,
	Am
	"Please let me start again,
	Dm
	I want a face that's fair this time,
	Am
	I want a spirit that is calm."

Chorus 3   As Chorus 1

Verse 4	**Dm**
	"I never turned aside," he said,
	Am
	"I never walked a - way.
	Dm
	It was you who built the temple,
	Am
	It was you who covered up my face."

Chorus 4   As Chorus 1

Verse 5	**Dm**
	And may the spirit of this song,
	Am
	May it rise up pure and free.
	Dm
	May it be a shield for you,
	Am
	A shield against the enemy.

Chorus 5   As Chorus 1

Chorus 6   As Chorus 1   *Fade out*

Love Calls You By Your Name

Words & Music by Leonard Cohen

| C | Em/B | A | F#m | Bm | G | E | D |

Tune guitar down one tone

Intro | C | Em/B | C | Em/B ‖

Verse 1

C   Em/B
You thought that it could never happen

        C   Em/B
To all the people that you be - came,

C   A
  Your body lost in legends,

C   A
  The beast so very tame.

        F#m
But here, right here,

            Bm   A
Between the birthmark and the stain,

            Bm   A
Between the ocean and your open vein,

            Bm   A
Between the snowman and the rain,

            G   E   G
Once a - gain,   once a - gain,

  D   A   D
Love calls you by your name.

C   Em/B
The women in your scrapbook

C   Em/B
Whom you still praise and blame,

C   A
You say they chained you to your fingernails

                C   A
And you climb the halls of fame.

        F♯m
Oh but here, right here,

           Bm   A
Between the peanuts and the cage,

           Bm   A
Between the darkness and the stage,

           Bm   A
Between the hour and the age,

        G   E   G
Once a - gain,   once a - gain,

    D   A   D
Love calls you by your name.

C   Em/B
Shouldering your lone - liness

        C   Em/B
Like a gun that you will not learn to aim,

C   A
You stumble into this movie house,

           C   A
Then you climb, you climb into the frame.

        F♯m
Yes, and here, right here

           Bm   A
Between the moonlight and the lane,

           Bm   A
Between the tunnel and the train,

           Bm   A
Between the   victim and his stain,

        G   E   G
Once a - gain,   once a - gain,

    D   A   D
Love calls you by your name.

Verse 4

   C   Em/B
   I leave the lady medi - tating
                 C   Em/B
On the very love which I, I do not wish to claim.
C   A
   I journey down the hundred steps,
        C   A
But the street is still the very same.
       F#m
And here, right here,
           Bm   A
Between the dancer and his cane,
           Bm   A
Between the sailboat and the drain,
           Bm   A
Between the newsreel and your tiny pain,
          G   E   G
Once a - gain,   once a - gain,
   D   A   D
Love calls you by your name.

Verse 5

   C   Em/B
   Where are you, Judy, where are   you, Anne?
C   Em/B
   Where are the paths your heroes came?
C   A
   Wondering out loud as the bandage pulls away,
       C   A
Was I, was I only limping, was I really lame?
       F#m
Oh here, come over here,
           Bm   A
Between the windmill and the grain,
           Bm   A
Between the sundial and the chain,
           Bm   A
Between the traitor and her pain,
          G   E   G
Once a - gain,   once a - gain,
   D   A   D
Love calls you by your name.

Master Song

Words & Music by Leonard Cohen

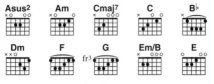

Tune guitar down one tone

Intro   ‖: Asus² Am │ Asus² Am │ Cmaj⁷   C │ Cmaj⁷   C :‖

Verse 1
           B♭   **Am**
I be - lieve that you heard your master sing
B♭   **Am**
    When I was sick in bed.
          B♭   **Am**
I sup - pose that he told you everything
         B♭   **Am**
That I keep locked away in my head.
         B♭   **Dm**
Your master took you travelling,
           F   **G**
Well, at least that's what you said.
          C   **Em/B**   **C**   **Em/B**
And now do you come back to bring
          F   **E**
Your prisoner wine and bread?

Link 1   │ Asus² Am │ Asus² Am │ Cmaj⁷   C │ Cmaj⁷   C ‖

Verse 2
         B♭   **Am**
You met him at some temple,
          B♭   **Am**
Where they take your clothes at the door.
         B♭   **Am**
He was just a numberless man in a chair
          B♭   **Am**
Who had   just come back from the war.

cont.

      B♭   **Dm**
And you wrap up his tired face in your hair

      F   **G**
And he hands you the apple core.

    C   **Em/B**   **C**   **Em/B**
Then he touches your lips, now so suddenly bare

    F   **E**
Of all the kisses we put on sometime be - fore.

Link 2 | **Asus² Am** | **Asus² Am** | **Cmaj⁷** **C** | **Cmaj⁷** **C** ‖

Verse 3

    B♭   **Am**
And he gave you a German Shepherd to walk

   B♭   **Am**
With a collar of leather and nails,

   B♭   **Am**
And he never once made you ex - plain or talk

   B♭   **Am**
About all of the little de - tails,

    B♭   **Dm**
Such as who had a worm and who had a rock,

 F   **G**
And who had you through the mails.

    C   **Em/B** **C**   **Em/B**
Now your love is a secret all over the block,

  F   **E**
And it never stops not even when your master fails.

Link 3 | **Asus² Am** | **Asus² Am** | **Cmaj⁷** **C** | **Cmaj⁷** **C** ‖

Verse 4

    B♭   **Am**
And he took you up in his aeroplane,

    B♭   **Am**
Which he flew without any hands.

    B♭   **Am**
And you cruised above the ribbons of rain,

   B♭   **Am**
That drove the crowds from the stands.

   B♭   **Dm**
Then he killed the lights in a lonely lane and,

 F   **G**
An ape with angel glands,

  C   **Em/B** **C** **Em/B**
E - rased the final   wisps of pain

  F   **E**
With the music of rubber bands.

| Asus² Am | Asus² Am | Cmaj⁷ C | Cmaj⁷ C ‖

Verse 5

      B♭   Am
And now I hear you master sing,

     B♭   Am
You kneel for him to come.

   B♭   Am
His body is a golden string

       B♭   Am
That your body is hanging from.

   B♭   Dm
His body is a golden string,

   F   G
My body has grown numb.

   C   Em/B   C   Em/B
Oh, now you hear your master sing,

     F   E
Your shirt is all un - done.

| Asus² Am | Asus² Am | Cmaj⁷ C | Cmaj⁷ C ‖

Verse 6

     B♭   Am
And will you kneel be - side this bed,

       B♭   Am
That we polished so long a - go,

    B♭   Am
Be - fore you master chose instead,

   B♭   Am
To make my bed of snow?

   B♭   Dm
Your eyes are wild and your knuckles are red

     F   G
And you're speaking far too low.

   C   Em/B   C   Em/B
No, I can't make out what your   master said

   F   E
Be - fore he made you go.

| Asus² Am | Asus² Am | Cmaj⁷ C | Cmaj⁷ C ‖

     B♭   **Am**
Now I think you're playing far too rough

     B♭   **Am**
For a lady who's been to the moon;

     B♭   **Am**
I've lain by this window long enough,

     B♭   **Am**
You get used to an empty room.

        B♭   **Dm**
And your love is some dust in an old man's cough,

       F   **G**
Who is tapping his foot to a tune,

         C   **Em/B** **C**   **Em/B**
And your thighs are a ruin you want too much,

   F   **E**
Let's say you came back sometime too soon.

Link 7 | **Asus2 Am** | **Asus2 Am** | **Cmaj7**   **C** | **Cmaj7**   **C** ‖

Verse 8

     B♭   **Am**
And I loved your master perfectly

     B♭   **Am**
And I taught him all that he knew.

     B♭   **Am**
He was starving in some deep mystery,

     B♭   **Am**
Like a man who is sure what is true.

     B♭   **Dm**
And I sent you to him with my   guarantee

     F   **G**
I could teach him something new.

     C   **Em/B**   **C**   **Em/B**
And I taught him how you would long for me,

   F   **E**
No matter what he said, no matter what you do.

Link 8 | **Asus2 Am** | **Asus2 Am** | **Cmaj7**   **C** | **Cmaj7**   **C** ‖

       B♭   Am
And I be - lieve that you heard you master sing

    B♭   Am
While I was sick in bed.

     B♭   Am
I'm sure that he told you everything

     B♭   Am
I must keep locked away in my head.

    B♭   Dm
Your master took you travelling,

         F   G
Well, at least that's what you said.

      C   Em/B   C   Em/B
And now do you come back to bring

     F   E
Your prisoner wine and bread?

Memories

Words & Music by Leonard Cohen & Phil Spector

Intro | A | A   ‖

‖: D | Bm | G | A   :‖

Verse 1
```
D                    Bm                G        A
   Frankie Lane,   he was singing   Jeze - bel,
D             Bm          G          A
   I pinned an Iron Cross   to my la - pel.
D                      F#            Bm
I walked up to the tallest and the blondest girl,
D                         F#                     Bm
   I said: "Look, you don't know me now but very soon you will.
   G           D
So won't you let me see?"

        G                D
I said: "Won't you let me see?"
        G
I said: "Won't you let me see
              D        Bm  G  A  D  Bm  G  A
Your naked body?"
```

Verse 2
```
D               Bm         G          A
   "Just dance me    to the dark side of the gym,
D            Bm           G            A
   Chances are    I'll let you do most any - thing.
D                 F#           Bm
   I know you're hungry, I can hear it in your voice,
         D          F#            Bm
And there are many parts of me to touch, you have your choice,
         G              D
Ah, but no you cannot see."
```

cont.

        G   D
She said: "No you cannot see,"

        G
She said: "No you cannot see

        D   Bm G A D Bm G A
My naked body."

Sax. solo

‖: D | Bm | G | A   :‖

‖: D | F♯ | Bm | Bm   :‖

| G | D | G | D   ‖

‖: G | G | G | G   :‖

| G | G   ‖

‖: D | Bm | G | A   :‖

Verse 3

D   Bm   G   A
So we're dancing close, the band is playing 'Stardust',

D   Bm   G   A
Balloons and paper streamers, they're floating down on us.

     D   F♯   Bm
She says: "You've got a minute left to fall in love."

     D   F♯   Bm
In solemn moments such as this I have put my trust

     G   D
And all my faith to see,

     G   D
I said: "All my faith to see,"

     G
I said: "All my faith to see

         D   Bm   G A   D   Bm   G A
Her naked body.   Oh,   naked body.   Oh,   Oh."

Outro

‖: D | Bm | G | A   :‖ *Repeat to fade*
with ad lib. vocals

Never Any Good

Words & Music by Leonard Cohen

Intro | B | B | B | B ||

Verse 1

    B   **F#**
I was never any good at loving you,

                                    B
I was never any good at coming through for you.

      E
You're gonna feel much better

         Em
When you   cut me loose forever,

       B   **G#**
I was never any good, I was never any good,

C#   **F#**
Never any good at loving you.

Verse 2

     B   **F#**
I was dying when we met, I bet my life on you,

                                  B
But you called me and I folded like you knew I'd do.

     E
You called my ace, my king, my bluff,

       Em
O - kay, you win, enough's enough.

      B   **G#**
I was never any good, never any good,

     C#   **F#**
I was never any good at loving you.

Bridge 1

      D♯
I was pretty good at taking out the garbage,
G♯m
  Pretty good at holding up the wall.
D♯
Dealing with the fire and the earthquake,
    E   **Fdim7**
But that don't count, that don't count,
F♯/B   **G♯**
That don't count, that don't count,
C♯   **F♯**
That don't count for nothing much at all.

Verse 3

      B   **F♯**
I was never any good at loving you,
                    B
I was just a tourist in your bed looking at the view.
   E
But I can't forget where my lips have been,
   Em
Those holy hills, that deep ravine.
   B   **G♯**
I was never any good, I was never any good,
C♯   **F♯**
Never any good at loving you.

Guitar solo

B	B	F♯	F♯	
F♯	F♯	B	B	
E	E	Em	Em	
B	G♯	C♯	C♯	
F♯	F♯	‖		

Bridge 2

          D♯
I was pretty good at taking out the garbage,

          G♯m
I was pretty good at holding up the wall.

          D♯
I'm sorry for my crimes against the moonlight.

E   **Fdim⁷**
  I didn't think,   I didn't think,

B/F♯   **G♯**
I didn't think, I did not think,

  C♯   **F♯**
I just didn't think the moon would mind at all.

Verse 4

       B   **F♯**
I was never any good at loving you,

               B
At doing what a woman really wants a man to do.

        E
You're gonna feel much better

       Em
When you   cut me loose forever.

      B   **G♯**
I was never any good, never any good,

      C♯   **F♯**
I was never any good at loving you.

Outro   ‖: **B** | **B** | **B** | **B** :‖ *Repeat to fade*

One Of Us Cannot Be Wrong

Words & Music by Leonard Cohen

Intro | A | A | A | A ||

Verse 1
      A   Bm
I lit a thin green candle
      D   A
To make you jealous of me,
                            Bm
But the room just filled with mos - quitos,
      D   E
They heard that my body was free.
      F♯m/C♯   C♯m
Then I took the dust of a long sleepless night
      D   A
And I put it in your little shoe.
      Bm   G
And then I confess that I tortured the dress
      Bm   A   G*
That you wore for the world to look through.

Link 1 | A | A | A | A ||

Verse 2
      A   Bm
I showed my heart to the doctor:
      D   A
He said I'd just have to quit.
                      Bm
Then he wrote himself a pre - scription,
      D   E
And your name was mentioned in it!

      F#m/C#   **C#m**
Then he locked himself in a library shelf

      D   **A**
With the details of our honey - moon,

  Bm   **G**
And I hear from the nurse that he's gotten much worse,

     Bm   **A**   **G***
And his practice is all in a ruin.

Link 2 | **A** | **A** | **A** | **A**   ‖

    A   **Bm**
Verse 3   I heard of a saint who had loved you,

    D   **A**
So I studied all night in his school.

                  Bm
He taught us the duty of lovers

     D   **E**
Is to tarnish the golden rule.

     F#m/C#   **C#m**
And just when I was sure that his teachings were pure,

    D   **A**
He drowned himself in the pool.

  Bm   **G**
His body is gone but back here on the lawn

  Bm   **A**   **G***
His spirit con - tinues to drool.

Link 3 | **A** | **A** | **A** | **A**   ‖

    A   **Bm**
Verse 4   An Eskimo showed me a movie

     D   **A**
He'd recently taken of you:

                 Bm
The poor man could hardly stop shivering,

    D   **E**
His lips and his fingers were blue.

     F#m/C#   **C#m**
I sup - pose that he froze when the wind took your clothes,

    D   **A**
And I guess he just never got warm.

  Bm   **G**
But you stand there so nice, in your blizzard of ice,

    Bm   **A**   **G***
Oh, please let me come into the storm.

Link 4	‖ A	A	A	A	‖
Outro	‖: A	A	Bm	Bm		
	D	D	A	A		
	A	A	Bm	Bm		
	D	D	E	E		
	F♯m/C♯	F♯m/C♯	C♯m	C♯m		
	D	D	A	A		
	Bm	Bm	G	G		
	Bm	A	G*	G*		
	A	A	A	A	:‖

*Repeat to fade
with ad lib. vocals*

The Partisan

Original Words by Emmanuel d'Astier de la Vigerie
Music by Anna Marly
English Words by Hy Zaret

Am   C   E/B   C/G   G   F

Tune guitar down one tone

Fade in

Intro ‖: Am | Am | Am | Am :‖

Verse 1
```
     Am        C        E/B    Am
When they poured a - cross the border,
          C        E/B    Am
I was cautioned to sur - render,
          C/G            G
This I could not do,
     F                    C       E/B  Am
     I took my gun and vanished.
```

Verse 2
```
     Am   C         E/B    Am
I have changed my name so often,
          C        E/B     Am
I've lost my wife and children,
          C/G            G
But I've many friends,
     F                    C       E/B  Am
     And some of them are with me.
```

Verse 3
```
     Am   C     E/B     Am
An old woman gave us shelter,
          C        E/B    Am
Kept us hidden in the garret,
          C/G      G
Then the soldiers came,
     F                    C       E/B  Am
     She died without a whisper.
```

Verse 4
```
     Am          C        E/B    Am
There were three of us    this morning,
          C           E/B      Am
I'm the only one this    even - ing,
          C/G      G
But I must go on;
     F                    C       E/B  Am
     The frontiers are my prison.
```

Verse 5

Am   C   E/B   Am
Oh, the wind, the wind is blowing,

                C   E/B   Am
Through the graves the wind is blowing,

C/G   G
Freedom soon will come,

F   C   E/B Am
   Then we'll come from the shadows.

Verse 6

Am   C   E/B   Am
Les Alle - mands é - taient chez moi,

          C   E/B   Am
Ils me dirent, "Resigne toi,"

        C/G   G
Mais je n'ai pas pu;

F   C   E/B Am
   J'ai repris mon arme.———

Verse 7

Am   C   E/B   Am
J'ai changé cent fois de nom,

          C   E/B   Am
J'ai per - du femme et en - fants,

          C/G   G
Mais j'ai tant d' - amis,

F   C   E/B Am
   J'ai la France en - tière.———

Verse 8

Am   C   E/B   Am
Un vieil homme dans un gren - ier,

          C   E/B   Am
Pour la nuit nous a ca - ché,

         C/G   G
Les Alle - mands l'ont pris,

F   C   E/B Am
   Il est mort sans sup - plice.———

Verse 9

Am   C   E/B   Am
Oh, the wind, the wind is blowing,

           C   E/B   Am
Through the graves the wind is blowing,

         C/G   G
Free - dom soon will come;

F   C   E/B Am
   Then we'll come from the shadows.

Outro | Am | Am | Am | Am   ‖ *Fade out*

Paper-Thin Hotel

Words & Music by Leonard Cohen & Phil Spector

[chord diagrams: F, F6, Fmaj7, Gm, C7, Gm7, D7/F♯, Am, Am(maj7)/G♯, Am7/G, F♯m7♭5, Dm, Dm(maj7)/C♯, Dm7/C, Bm7♭5, B♭/F]

Intro   ‖: F   F6 | Fmaj7   F6 | Gm   C7 | Gm7   C7 :‖

Verse 1

F   D7/F♯   Gm   C7
  The walls of this hotel   are paper - thin,

F   D7/F♯   Gm   C7
  Last night I heard you making love to him.

Am   Am(maj7)/G♯   Am7/G   F♯m7♭5
  The struggle mouth to mouth and limb to limb,

Dm   Dm(maj7)/C♯   Dm7/C   Bm7♭5
  The grunt of unity when   he came in.

Chorus 1

Fmaj7   B♭/F
  I stood there with my ear a - gainst the wall,

Fmaj7   B♭/F
  I was not seized by jealou - sy at all.

F   Gm
  In fact a burden lifted from my soul,

C7   F   F6   Fmaj7
  I heard that love was out of my control.

        F6   Gm
A heavy burden lifted from my soul,

C7   F   F6   Fmaj7   F6
  I learned that love was out of my control.

Link 1 | Gm   C7 | Gm7   C7 ‖

Verse 2

| F | | D7/F♯ | | Gm | | C7 |
I listened to your kisses   at the door,

| F | | D7/F♯ | | Gm | | C7 |
I never heard the world so   clear before.

| Am | | Am(maj7)/G♯ | | Am7/G | F♯m♭5 |
You ran your bath and you be - gan to   sing,

| Dm | | Dm(maj7)/C♯ | | Dm7/C | Bm7♭5 |
I felt so good I couldn't feel a   thing.

Chorus 2   As Chorus 1

Link 2   As Link 1

Verse 3

| F | | D7/F♯ | | Gm | | C7 |
And I can't wait to tell you it   to your face,

| F | | D7/F♯ | | Gm | | C7 |
And I can't wait for you to   take my place.

| Fmaj7 | | Gm |
You are The Naked Angel In My Heart,

| Fmaj7 | | Gm |
You are The Woman With Her Legs Apart.

| Fmaj7 | | Gm |
It's written on the walls of this hotel,

| C7 | | F | F6 | Fmaj7 | F6 | Gm | C7 |
You go to heaven once you've   been to hell.

| Fmaj7 | | Gm |
A heavy burden lifted from my soul,

| C7 | | (F) |
I heard that love was out of my con - trol.

Outro   ‖: F   F6 | Fmaj7   F6 | Gm   C7 | Gm7   C7 :‖

         | F   ‖

Please Don't Pass Me By
(A Disgrace)

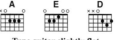

Tune guitar slightly flat

Intro

N.C.
I was walking in New York City and I brushed up

Against the man in front of me. I felt a cardboard placard on his back.

And when we passed a streetlight, I could read it, it said

"Please don't pass me by – I am blind, but you can see –

I've been blinded totally – Please don't pass me by."

I was walking along 7th Avenue, when I came to 14th Street

I saw on the corner curious mutilations of the human form;

It was a school for handicapped people.

And there were cripples, and people in wheelchairs and crutches

And it was snowing,

(A)
And I got this sense that the whole city   was singing this:

Chorus 1

A   E   A
Oh please don't pass me by,
           E   A
Oh please don't pass me by,
   D   A
For I am blind, but you, you can see,
D   A
  Yes, I've been blinded   totally,
        E   A
Oh please don't pass me by.

Verse 2

A
And you know as I was walking

I thought it was them who were singing it,

I thought it was they who were singing it,

I thought it was the other who was singing it,

I thought it was someone else. But as I moved along I knew it was me,

And that I was singing it to myself. It went:

Chorus 2

A   **E**   **A**
Please don't pass me by,
           E   **A**
Oh please don't pass me by,
    D   **A**
For I am blind, but you, you can see,
D   **A**
  Well, I've been blinded   totally,
           E   **A**
Oh please don't pass me by.
           E   **A**
Oh please don't pass me by.

Verse 3

A
Now I know that you're sitting there deep in your velvet seats

And you're thinking "Uh, he's up there saying something

That he thinks about, but I'll never have to sing that song."

But I promise you friends, that you're going to be singing this song:

It may not be tonight, it may not be tomorrow,

But one day you'll be on your knees

And I want you to know the words when the time comes.

Because you're going to have to sing it to yourself,

Or to another, or to your brother.

You're going to have to learn how to sing this song, it goes:

Chorus 3

    A   **E**   **A**
Please don't pass me by,

Ah you don't have to sing this… not for you.

        E   **A**
Please don't pass me by,

  D   **A**
For I am blind, but you, you can see,

  D   **A**
Yes, I've been blinded   totally,

         E   **A**
Oh please don't pass me by.

Verse 4

A
Well I sing this for the Jews and the Gypsies

And the smoke that they made.

And I sing this for the children of England, their faces so grave.

And I sing this for a saviour with no one to save.

Hey, won't you be naked for me?

Hey, won't you be naked for me? It goes:

Chorus 4

  A   **E**   **A**
Please don't pass me by,

        E   **A**
Oh please don't pass me by,

  D   **A**
For I am blind, oh, but you can see,

  D   **A**
Yes, I've been blinded   oh, totally,

        E   **A**
Oh now, please don't pass me by.

Verse 5

A
Now there's nothing that I tell you

That will help you connect the blood tortured night

With the day that comes next. But I want it to hurt you, I want it to end.

Oh, won't you be naked for me? Oh now:

Chorus 5

A   E   A
Please don't pass me by,
           E   A
Oh please don't pass me by,
    D   A
For I am blind, oh but you, you can see,
     D   A
Oh yes I, I've been blinded   oh, totally,
          E   A
Oh, please don't pass me by.

Verse 6

A
Well I sing this song for you Blonde Beasts,

I sing this song for you Venuses upon your shells on the foam of the sea.

And I sing this for the freaks and the cripples, and the hunchback,

And the burned, and the burning, and the maimed, and the broken,

And the torn, and all of those that you talk about at the coffee tables,

At the meetings, and the demonstrations, on the streets, in your music,

In my songs. I mean the real ones that are burning,

I mean the real ones that are burning.

Chorus 6

A   E   A
I say, "Please don't pass me by,
           E   A
Oh now, please don't pass me by,
    D   A
For I am blind, yeah but you, you can see,
     D   A
Oh now, I've been blind, blinded,   oh totally,
          E   A
Oh now, please don't pass me by."

Verse 7	**A** *I know that you still think that it's me.*
	I know that you still think that there's somebody else.
	I know that these words aren't yours. But I tell you friends one day:

Bridge	**A** You're gonna to get down on your knees.
	You're gonna to get down on your knees.
	You're gonna to get down on your knees.
	You're gonna to get down on your knees.
	You're gonna to get down on your knees.
	You're gonna to get down on your knees.
	You're gonna to get down on your knees.
	You're gonna to get down on your knees.
	You're gonna to get down.

Chorus 7	**A** **E** **A** Oh, please don't pass me by,
	E **A** Oh, please don't pass me by,
	D **A** For I am blind, yeah but you, you can see,
	D **A** Yes, I've been blinded oh, totally,
	E **A** Oh, please don't pass me by.

Verse 8

A
Well you know I have my songs and I have my poems.

I have my book and I have the army,

And sometimes I have your applause. I make some money,

But you know what my friends, I'm still out there on the corner.

I'm with the freaks, I'm with the hunted, I'm with the maimed,

Yes I'm with the torn, I'm with the down, I'm with the poor.

Come on now... Oh.

Chorus 8

A　　　　　　**E**　　**A**
Ah, please don't pass me by,

Well I've got to go now friends,
　　　　　　　　E　　**A**
But, please don't pass me by,
　D　　　　　　　**A**
For I am blind, yeah but you, you can see,
　D　　　　　　　　　　　　　　**A**
Oh I, I've been blinded, I've been blinded totally,
　　　　　　　　　E　　**A**
Oh now, please don't pass me by.

Verse 9

A
Now I want to take away my dignity, yes take my dignity.

My friends, take my dignity, take my form, take my style, take my honour,

Take my courage, take my time, take my time, take my time.

'Cause you know I'm with you singing this song.

And I wish you would, I wish you would,

I wish you would go home with someone else.

Wish you'd go home with someone else.

I wish you'd go home with someone else.

Don't be the person that you came with.

cont.
Oh, don't be the person that you came with,

Oh, don't be the person that you came with. Ah, I'm not going to be.

I can't stand him. I can't stand who I am.

That's why I've got to get down on my knees.

Because I can't make it by myself.

I'm not by myself anymore because the man I was before

He was a tyrant, he was a slave, he was in chains,

He was broken and then he sang:

Chorus 9
```
A              E        A
```
Oh, please don't pass me by,
```
               E        A
```
Oh, please don't pass me by,
```
   D                     A
```
For I, yes I'm blind, oh but you can see,
```
   D              A
```
Yes, I've been blinded   totally,
```
               E        A
```
Oh, please don't pass me by.

Verse 10
```
A
```
Well I hope I see you out there on the corner.

Yeah, I hope as I go by that I hear you whisper with the breeze.

Because I'm going to leave you now,

I'm going to find me someone new.

Find someone new.

Outro
```
A              E      A   D  A E  A
```
And please don't pass me by.

So Long, Marianne

Words & Music by Leonard Cohen

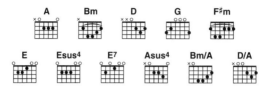

Verse 1
          A   Bm
Come over to the window, my little darling,
D   A
  I'd like to try to read your palm.
G   D
  I used to think I was some kind of Gypsy boy
F♯m   E   Esus⁴ E E⁷
  Before I let you take me home. _____

Chorus 1
          A   F♯m
Now so long, Marianne, it's time that we began
  E   Esus⁴ E Esus⁴ E E⁷
To laugh, and   cry, and   cry,
     E   E⁷   A
And laugh a - bout it all again.

| Asus⁴ | A | Asus⁴ | A   ‖

Verse 2
            A   Bm
Well you know that I love to live with you,
D   A
  But you make me forget so very much.
G   D
  I forget to pray for the angels
                   F♯m   E   Esus⁴ E E⁷
And then the angels forget to pray for us. _____

Chorus 2

      A   **F#m**
Now so long, Marianne, it's time that we began

    E   **Esus4** **E**   **Esus4** **E**   **E7**
To laugh, and cry, and cry,

     E   **E7**   **A**
And laugh a - bout it all again.

| **Asus4** | **A** | **Asus4** | **A** ‖

Verse 3

    A   **Bm/A**
We met when we were almost young

D/A   **A**
  Deep in the green lilac park.

G   **D**
  You held on to me like I was a crucifix,

F#m   **E**   **Esus4** **E** **E7**
  As we went kneeling through the dark. _____

Chorus 2   As Chorus 2

Verse 4

     A   **Bm**
Your letters they all say that you're be - side me now.

D   **A**
  Then why do I feel alone?

G   **D**
  I'm standing on a ledge and your fine spider web

  F#m   **E**   **Esus4** **E** **E7**
Is fastening my ankle to a stone. _____

Chorus 4   As Chorus 2

Verse 5

    A   **Bm/A**
For now I need your hidden love,

D/A   **A**
  I'm cold as a new razor blade.

G   **D**
  You left when I told you I was curious,

F#m   **E**   **Esus4** **E** **E7**
  I never said that I was brave. _____

Chorus 5   As Chorus 2

Verse 6

    A   **Bm**
Oh, you are really such a pretty one,

    D   **A**
I see you've gone and changed your name again.

    G   **D**
And just when I climbed this whole mountainside,

    F♯m   **E Esus⁴**   **E**   **E⁷**
To wash my eye - lids in the rain!

Chorus 6

        A   **F♯m**
Now so long, Marianne, it's time that we began

    E   **Esus⁴** **E** **Esus⁴** **E** **E⁷**
To laugh, and cry, and cry,

    E   **E⁷**   **A**
And laugh about it all again.

| **Asus⁴** | **A** | **Asus⁴** | **A** ‖

Seems So Long Ago, Nancy

Words & Music by Leonard Cohen

Bm   F♯   F♯m   C♯   A   E   D   F♯m*

Intro | Bm | Bm | Bm | Bm ‖

Verse 1

Bm   F♯   Bm
It seems so long a - go,

F♯m   C♯   F♯m
  Nancy was a - lone,

A   Bm
Looking at the Late Late show

        A   E   A
Through a   semi - precious stone.

C♯   F♯m
  In the House of Ho - nesty

     D   A
Her father was on trial,

E   F♯m*
  In the House of Mystery

    C♯   D
There was no one at all,

      A   E   F♯m*
There was no one at all.

Verse 2

     Bm   F♯   Bm
It seems so long a - go,

F♯m   C♯   F♯m
  None of us were strong;

A   Bm
  Nancy wore green stockings

      A   E   A
And she slept with every - one.

    C♯   F♯m
She never said she'd wait for us

     D   A
Al - though she was a - lone,

    E   F♯m*
I think she fell in love for us

    C♯   D
In nineteen sixty one,

    A   E   F♯m*
In nineteen   sixty one.

Verse 3

    Bm   F♯   Bm
It seems so long a - go,

F♯m   C♯   F♯m
  Nancy was a - lone,

   A   Bm
A forty five be - side her head,

   A   E   A
  An open tele - phone.

C♯   F♯m
  We told her she was beautiful,

   D   A
We told her she was free,

E   F♯m*
But none of us would meet her in

    C♯   D
The House of Myst - ery,

     A   E   F♯m*
The House of Myst - ery.

Verse 4

    Bm F♯   Bm
And now   you look a - round you,

F♯m   C♯   F♯m
  See her every - where.

A   Bm
  Many use her body,

A   E   A
  Many comb her hair.

C♯   F♯m
  In the hollow of the   night

     D   A
When you are cold and numb,

    E   F♯m*
You hear her talking freely then,

     C♯   D
She's happy that you've come,

     A   E   F♯m*
She's happy   that you've come.

Outro | Bm | Bm | E | E | A   ‖

Sisters Of Mercy

Words & Music by Leonard Cohen

Chord diagrams: A D E C#m (fr4) G#m (fr4) Esus4 G F#m

Capo second fret

Verse 1

	A	D	A	E	A	D	A
Oh the sisters of mercy, they are not de - parted or gone.

C#m   G#m   C#m   G#m
They were waiting for me when I thought that I just

E   Esus⁴ E
can't go on.

D   A   G   F#m
And they brought me their comfort and later they brought

E   Esus⁴ E
me this song.

A   D   A   E   A
Oh I hope you run into them, you who've been travelling so long.

Link 1

| D | D | D | D | D | D | |

| A | A | E | E | E | E | ‖

Verse 2

A   D   A   E   A D A
Yes you who must leave every - thing that you cannot con - trol.

C#m   G#m   C#m   G#m
It begins with your family, but soon it comes a - round

E   Esus⁴ E
to your soul.

D   A   G   F#m
Well I've been where you're hanging, I think I can see

E   Esus⁴ E
how you're pinned:

A   D   A   E
When you're not feeling holy, your loneliness says

A
that you've sinned.

Link 2   As Link 1

Verse 3

          A   **D**   **A**   **E**
Well they lay down be - side me, I made my con - fession

      A   **D** **A**
to them.

     C♯m   **G♯m**   **C♯m**   **G♯m**
They touched both my eyes and I touched the dew

           E   **Esus⁴ E**
on their hem.

     D   **A**   **G**   **F♯m**   **E**   **Esus⁴ E**
If your life is a leaf that the seasons tear off and con - demn

       A   **D**   **A**   **E**   **A**
They will bind you with love that is graceful and green as a stem.

Link 3   As Link 1

Verse 4

          A   **D**   **A**   **E**
When I left they were sleeping, I hope you run into

        A   **D** **A**
them soon.

     C♯m   **G♯m**   **C♯m**   **G♯m**
Don't turn on the lights, you can read their ad - dress

         E   **Esus⁴ E**
by the moon.

     D   **A**   **G**
And you won't make me jealous if I hear that they

     F♯m   **E**   **Esus⁴ E**
sweetened your night:

       A   **D**   **A**   **E**
We weren't lovers like that and be - sides it would still

       A **D** **E**
be all right,

       A   **D**   **A**   **E**
We weren't lovers like that and be - sides it would still

       A
be all right.

The Smokey Life

Words & Music by Leonard Cohen

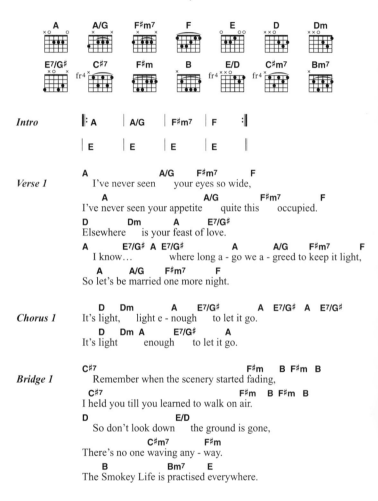

Intro ‖: A | A/G | F#m7 | F :‖

| E | E | E | E ‖

Verse 1

    A   A/G   F#m7   F
I've never seen   your eyes so wide,

        A   A/G   F#m7   F
I've never seen your appetite   quite this occupied.

D   Dm   A   E7/G#
Elsewhere is your feast of love.

    A   E7/G# A E7/G#   A   A/G   F#m7   F
I know…   where long a - go we a - greed to keep it light,

      A   A/G   F#m7   F
So let's be married one more night.

Chorus 1

      D   Dm   A   E7/G#   A E7/G# A E7/G#
It's light,   light e - nough   to let it go.

      D   Dm A   E7/G#   A
It's light   enough   to let it go.

Bridge 1

C#7   F#m   B F#m B
   Remember when the scenery started fading,

C#7   F#m B F#m B
I held you till you learned to walk on air.

D   E/D
  So don't look down   the ground is gone,

          C#m7   F#m
There's no one waving any - way.

    B   Bm7   E
The Smokey Life is practised everywhere.

Verse 2

```
A               A/G    F♯m7        F
    So set your restless heart at ease,
          A      A/G           F♯m7        F
Take a lesson    from these Autumn leaves,
D           Dm    A      E7/G♯        A    E7/G♯  A  E7/G♯
    They waste no time waiting    for the snow.
A           A/G   F♯m7            F
Don't argue now,    you'll be late,
A           A/G            F♯m7    F
    There is nothing to in - vestigate.
```

Chorus 2

```
D                   Dm      A     E7/G♯       A    E7/G♯  A  E7/G♯
    It's light enough,    light e - nough    to let it go.
D    Dm   A     E7/G♯       A
Light  e - nough     to let it go.
```

Bridge 2   As Bridge 1

Verse 3

```
A               A/G      F♯m7        F
    Come on back if the moment lends,
          A                A/G  F♯m7    F
You can look up all my very closest friends.
```

Chorus 3

```
D       Dm     A     E7/G♯      A    E7/G♯  A  E7/G♯
    Light,    light enough    to let it go.
    D     Dm    A          E7/G♯      A    A/G  F♯m7  F  A
It's light,    light   enough    to let it go.
```

Stories Of The Street

Words & Music by Leonard Cohen

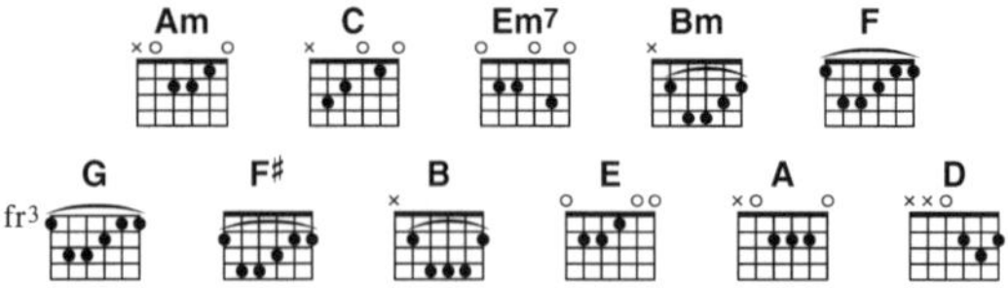

Intro | Am | Am | Am | Am ||

Verse 1

```
Am                   C
The stories of the street are mine,
     Em7             Bm
The Spanish voices laugh,
Am                     C
   The Cadillacs go creeping now
               Em7                  Bm
Through the night and the poison gas.
      Am               F
And I lean from my window sill
        G        F♯  B
In this old ho - tel I chose,
     E                 A
Yes, one hand on my suicide,
E                D              A
One hand on the rose. Mmm.______
```

Link 1 | Am | Am | Am | Am ||

Verse 2

```
Am                           C
I know you've heard it's over now
      Em7              Bm
And war must surely come,
Am                       C
   The cities they are broke in half
          Em7             Bm
And the middle men are gone.
```

cont.

      Am   **F**
But let me ask you one more time

    G   **F♯**   **B**
O children of the dust,

         E   **A**
All these hundreds who are shrieking now,

     E   **D**   **A**
Oh, do they speak for us? Mmm._____

Link 2 | **Am** | **Am** | **Am** | **Am**   ‖

Verse 3   **Am**   **C**
And where do all these highways go

Em7   **Bm**
Now we are free?

Am   **C**
Why are the armies marching still

     Em7   **Bm**
That were coming home to me?

    Am   **F**
O lady with your legs so fine,

   G   **F♯**   **B**
O stranger at your wheel,

       E   **A**
You are locked into your suffering

        E   **D**   **A**
And your pleasures are the seal. Mmm._____

Link 3 | **Am** | **Am** | **Am** | **Am**   ‖

Verse 4   **Am**   **C**
The age of lust is   giving birth,

Em7   **Bm**
  And both the parents ask

Am   **C**
  The nurse to tell them   fairy tales

   Em7   **Bm**
On both sides of the glass.

Am   **F**
  And now the infant   with his cord

   G   **F♯**   **B**
Is hauled in like a kite,

    E   **A**
And one eye filled with blueprints,

E   **D**   **A**
One eye filled with night. Mmm._____

Link 4　　　　| Am　　| Am　　| Am　　| Am　　|

Verse 5

Am　　　　　　　　　**C**
Oh, come with me my　　little one

　　　Em7　　　　　　　**Bm**
And we will find that farm,

Am　　　　　　　　　　　**C**
　　And grow us grass and apples there

　　　Em7　　　　　　　　**Bm**
And keep all the animals warm.

　　　Am　　　**F**
And if by chance I wake at night

　　　G　　　**F♯**　　**B**
And I ask you who I am.

　　　E　　　　　　**A**
Oh, take me to the slaughterhouse,

　　　　E　　　　　　　　**D**　　　　　　**A**
I will wait there with the lamb. Mmm._____

Link 5　　　　| Am　　| Am　　| Am　　| Am　　|

Verse 6

Am　　　　　　　　　**C**
With one hand on a　　hexagram

　　　Em7　　　　　　　**Bm**
And one hand on a girl,

Am　　　　**C**
I balance on a　　wishing well

　　　Em7　　　　　　　**Bm**
That all men call the world.

　　　Am　　　　　　**F**
We are so small be - tween the stars,

　　　G　　　**F♯**　　　**B**
So large a - gainst the sky,

　　　E　　　　　　**A**
And lost among the subway crowds

　　E　　　　　　　**D**　　　　　　**A**
I try to catch your eye. Mmm._____

Outro　　　　‖: Am　　| Am　　| Am　　| Am　　:‖

Story Of Isaac

Words & Music by Leonard Cohen

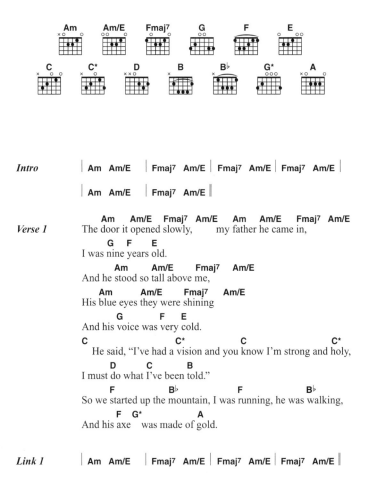

Intro

| Am Am/E | Fmaj⁷ Am/E | Fmaj⁷ Am/E | Fmaj⁷ Am/E |

| Am Am/E | Fmaj⁷ Am/E ‖

Verse 1

      Am   Am/E Fmaj⁷ Am/E   Am   Am/E   Fmaj⁷ Am/E
The door it opened slowly,   my father he came in,

      G   F   E
I was nine years old.

      Am   Am/E   Fmaj⁷ Am/E
And he stood so tall above me,

      Am   Am/E   Fmaj⁷   Am/E
His blue eyes they were shining

        G   F   E
And his voice was very cold.

C   C*   C   C*
  He said, "I've had a vision and you know I'm strong and holy,

     D   C   B
I must do what I've been told."

     F   B♭   F   B♭
So we started up the mountain, I was running, he was walking,

     F G*   A
And his axe   was made of gold.

Link 1

| Am Am/E | Fmaj⁷ Am/E | Fmaj⁷ Am/E | Fmaj⁷ Am/E ‖

Verse 2

(Am/E)　　Am　　　　Am/E　　Fmaj7　　Am/E
Well, the trees they got much smaller,

　　　　Am　　Am/E　Fmaj7　Am/E
The lake a lady's　mirror,

　　G　　　　　F　　　　　E
We stopped to drink some wine.

　　　　　Am　　　　Am/E　　Fmaj7　　Am/E
Then he threw the bottle o - ver,

Am　　　　　Am/E　Fmaj7　　Am/E
　Broke a minute later

　　　　　G　　　　F　　　　E
And he put his hand on mine.

C　　　　　　　　C*　　　　　C　　　　　　　　C*
　Thought I saw an eagle, but it might have been a vulture,

　　D　　　C　　　　　B
I never could de - cide.

　　　　　　F　　　　　　B♭
Then my father built an altar,

　　　　　　F　　　　　　B♭
He looked once behind his shoulder,

F　　　　　G*　　　　A
　He knew I would not hide.

Link 2　　　| Am　Am/E　| Fmaj7　Am/E | Fmaj7　Am/E | Fmaj7　Am/E ‖

Verse 3

　　　Am　　　Am/E　　Fmaj7　Am/E　Am　　Am/E　　　Fmaj7
You who build the altars　now to sacri - fice these children,

　　　Am/E　　G　　F　　　　E
You must not do it anymore.

　　Am　　　　Am/E　Fmaj7　Am/E　Am　Am/E　　　Fmaj7　　Am/E
A scheme is not a　vision　　if you never have been tempted

　　　G　　　F　　　E
By a demon　or a god.

C　　　　　　　　C*　　　　　　　　C　　　　　　　C*
You who stand a - bove them now, your hatchets blunt and bloody,

　　D　　　C　　　　　B
You were not there be - fore,

　　　　F　　　　B♭　　　　　　　F　　　　　　B♭
When I lay upon a mountain and my father's hand was trembling

　　　　F　　　G*　　　A
With the beauty　of the word.

Link 3 | Am Am/E | Fmaj7 Am/E | Fmaj7 Am/E | Fmaj7 Am/E ‖

Verse 4
          Am   **Am/E Fmaj7 Am/E**   **Am**   **Am/E**   **Fmaj7 Am/E**
And if you call me brother now, for - give me if   I in - quire,

       G   **F**   **E**
"Just ac - cording to whose plan?"

Am   **Am/E**   **Fmaj7 Am/E Am**   **Am/E Fmaj7 Am/E**
  When it all comes down to dust,   I will kill you if I must,

     G   **F**   **E**
I will help you   if I can.

C   **C***   **C**   **C***
  When it all comes down to dust, I will help you if I must,

       D   **C B**
I will kill you if I can.

      F   **B♭**   **F**   **B♭**
And mercy on our uniform, man of peace or man of war,

F   **G***   **A**
  The peacock spreads his fan.

Outro | Am Am/E | Am Am/E | Fmaj7 Am/E | Fmaj7 Am/E ‖
                                              Fade out

The Stranger Song

Words & Music by Leonard Cohen

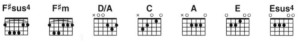

Tune guitar down one tone

Intro | F♯sus4 F♯m | F♯sus4 F♯m | F♯sus4 F♯m | F♯sus4 F♯m ‖

Verse 1

    F♯m D/A   C   D/A   A
It's   true that all the men you knew were dealers,

                         E
Who said they were through with dealing,

                      F♯m   F♯sus4 F♯m
Every time you gave them shelter.

  E   Esus4 E
I know that kind of man,

      F♯m   F♯sus4 F♯m
It's hard to hold the hand of any - one,

      E   Esus4 E   F♯m   F♯sus4 F♯m
Who is reaching for the sky   just to sur - render.

      E   Esus4 E   F♯m   F♯sus4 F♯m F♯sus
Who is reaching for the sky   just to sur - render.

Verse 2

    F♯m   D/A   C   D/A   A
And then sweeping up the jokers   that he left behind,

                     E
You find he did not leave you very much,

    F♯m   F♯sus4 F♯m
Not even laughter.

    E   Esus4 E   F♯m
Like any dealer he was watching for the card,

     F♯sus4 F♯m   E
That is   so high and wild,

             Esus4 E   F♯m   F♯sus4 F♯m
He'll never need to deal   an - other.

      E   Esus4 E   F♯m   F♯sus4 F♯m
He was just some Joseph look - ing for a manger.

      E   Esus4 E   F♯m   F♯sus4 F♯m F♯sus
He was just some Joseph look - ing for a manger.

Verse 3

```
F♯m       D/A             C        D/A
```
And then leaning on your window sill,

```
        A
```
He'll say one day you caused his will,

```
        E                                  F♯m      F♯sus4  F♯m
```
To weaken with your love and warmth and shelter.

```
         E              Esus4  E
```
And then taking from his wallet,

```
        F♯m          F♯sus4  F♯m
```
An old schedule of trains,   he'll say,

```
     E              Esus4  E      F♯m      F♯sus4  F♯m
```
I told you when I came   I was a stranger.

```
     E              Esus4  E      F♯m      F♯sus4  F♯m  F♯sus4
```
I told you when I came   I was a stranger.

Verse 4

```
F♯m D/A        C       D/A        A
```
But now another stranger seems to want you to ignore his dreams,

```
        E                                F♯m      F♯sus4  F♯m
```
As though they were the burden of some other.

```
            E                  Esus4  E
```
Oh you've seen that man be - fore,

```
        F♯m              F♯sus4  F♯m
```
His golden arm dispatching cards,

```
             E              Esus4  E      F♯m      F♯sus4  F♯m
```
But now it's rusted from the elbow   to the finger.

```
     E                 Esus4  E         F♯m      F♯sus4  F♯m
```
And he wants to trade the game   he plays for shelter.

```
     E                 Esus4
```
Yes he wants to trade the game

```
E              F♯m   F♯sus4  F♯m  F♯sus4
```
He knows for shelter.

Verse 5

```
F♯m      D/A            C      D/A  A
```
Ah, you hate to watch an - other tired man lay down his hand

```
          E                          F♯m      F♯sus4  F♯m
```
Like he was giving up the holy game of poker.

```
     E
```
And while he talks his dreams to sleep

```
     F♯m              F♯sus4   F♯m
```
You notice there's a highway

```
        E                Esus4  E        F♯m      F♯sus4  F♯m
```
That is curling up like smoke   above his shoulder.

```
        E                Esus4  E        F♯m      F♯sus4  F♯m  F♯sus4
```
It's curling just like smoke   above his shoulder.

Verse 6

    F♯m D/A   C   D/A
You   tell him to come in, sit down

    A
But something makes you turn around,

    E   F♯m   F♯sus4 F♯m
The door is open, you can't close your   shelter.

    E   Esus4 E
You try the handle of   the road,

 F♯m   F♯sus4 F♯m
It opens do not be   afraid,

    E   Esus4 E   F♯m   F♯sus4 F♯m
It's you my love, you   who are the stranger.

    E   Esus4 E   F♯m   F♯sus4 F♯m F♯sus4
It is you my love, you   who are the stranger.

Verse 7

  F♯m D/A   C   D/A
Well, I've been waiting, I was sure

    A   E
We'd meet between the trains we're waiting for,

                      F♯m   F♯sus4 F♯m
I think it's time to board an - other.

    E   Esus4 E   F♯m
Please understand, I never   had a secret chart

  F♯sus4 F♯m   E   Esus4 E   F♯m   F♯sus4 F♯m
To get   me to the heart of this or any   other matter.

                    Esus4 E   F♯m   F♯sus4 F♯m
Well he talks like this, you don't   know what he's after.

           E
When he speaks like this,

   Esus4 E   F♯m   F♯sus4 F♯m F♯sus4
You don't   know what he's after.

Verse 8

  F♯m D/A   C   D/A
Let's meet tomorrow if you choose,

    A
U - pon the shore, beneath the bridge,

        E   F♯m   F♯sus4 F♯m
That they are building on some endless river.

      E   Esus4 E   F♯m
Then he leaves the platform for   the sleeping car that's warm,

   F♯sus4 F♯m   E   Esus4 E   F♯m   F♯sus4 F♯m
You realize   he's only adver - tising   one more shelter.

    E   Esus4 E   F♯m   F♯sus4 F♯m
And it comes to you, he never   was a stranger.

       E   Esus4 E   F♯m   F♯sus4 F♯m F♯sus
And you say "OK the bridge   or someplace later."

Verse 9

```
      F♯m      D/A                 C      D/A        A
And then sweeping up the jokers      that he left behind,
                         E
You find he did not leave you very much,
          F♯m      F♯sus4  F♯m
Not even laughter.
        E          Esus4   E               F♯m
Like any dealer he was  watching for the card,
        F♯sus4  F♯m        E
That is         so high and wild,
                      Esus4  E    F♯m   F♯sus4  F♯m
He'll never need to deal      an - other.
          E               Esus4   E      F♯m   F♯sus4  F♯m
He was just some Joseph look  -  ing for a manger.
          E               Esus4   E      F♯m   F♯sus4  F♯m  F♯sus4
He was just some Joseph look  -  ing for a manger.
```

Verse 10

```
      F♯m      D/A           C       D/A
And then leaning on your window sill,
           A
He'll say one day you caused his will
        E                                   F♯m      F♯sus4  F♯m
To weaken with your love and warmth and shelter.
           E               Esus4   E
And then taking from his wallet,
          F♯m         F♯sus4  F♯m
An old schedule of trains,      he'll say,

I told you when I came     I was a stranger.
        E               Esus4   E      F♯m    F♯sus4  F♯m  F♯sus4
I told you when I came     I was a stranger.
```

Outro

```
        E               Esus4   E      F♯m    F♯sus4  F♯m  F♯sus4
I told you when I came     I was a stranger
        E               Esus4   E      F♯m    F♯sus4  F♯m  F♯sus4
I told you when I came     I was a stranger.
```

Fade out

Suzanne

Words & Music by Leonard Cohen

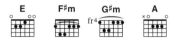

Intro | E | E | E | E ||

Verse 1
           E
Su - zanne takes you down to her place near the river,
           F♯m
You can hear the boats go by,

You can spend the night beside her,
           E
And you know that she's half crazy,

But that's why you want to be there,
           G♯m
And she feeds you tea and oranges,
           A
That come all the way from China,
           E
And just when you mean to tell her,
           F♯m
That you have no love to give her,
           E
Then she gets you on her wavelength,
           F♯m
And she lets the river answer,
           E
That you've always been her lover.

Chorus 1

        G♯m
And you want to travel with her,

        A
And you want to travel blind,

        E
And you know that she will trust you,

        F♯m
For you've touched her perfect body with your (mind.)

Link 1 | **E** | **E**   ‖

        mind.

        E
Verse 2   And Jesus was a sailor,

When he walked upon the water,

        F♯m
And he spent a long time watching,

From his lonely wooden tower,

        E
And when he knew for certain,

Only drowning men could see him,

        G♯m
He said, "All men will be sailors then

        A
Until the sea shall free them."

        E
But he himself was broken,

        F♯m
Long before the sky would open,

        E
Forsaken, almost human,

        F♯m   **E**
He sank beneath your wisdom like a stone.

        G♯m
Chorus 2 And you want to travel with him,

        A
And you want to travel blind,

        E
And you think maybe you'll trust him,

        F♯m
For he's touched your perfect body with his (mind.)

Link 2 | E | E   ‖
     mind.

               E
Verse 3   Now Su - zanne takes your hand,

     And she leads you to the river.

     F♯m
     She is wearing rags and feathers,

     From Salvation Army counters,

     E
     And the sun pours down like honey,

     On our lady of the harbour,

     G♯m
     And she shows you where to look,

     A
     Among the garbage and the flowers,

     E
     There are heroes in the seaweed,

     F♯m
     There are children in the morning,

     E
     They are leaning out for love,

     F♯m
     And they will lean that way forever,

     E
     While Suzanne holds the mirror.

     G♯m
Chorus 3   And you want to travel with her,

     A
     And you want to travel blind,

     E
     And you know that you can trust her,

     F♯m
     For she's touched your perfect body with her (mind.)

Coda | E | E   ‖
     mind.

There For You

Words & Music by Leonard Cohen & Sharon Robinson

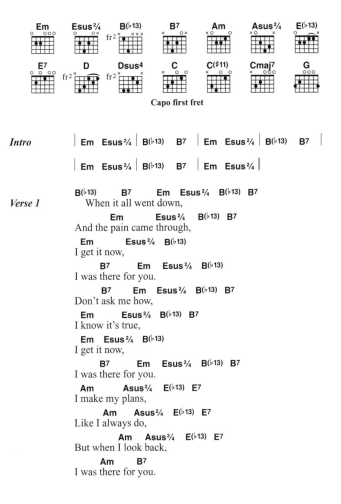

Capo first fret

Intro

| Em Esus²/₄ | B(♭13) B7 | Em Esus²/₄ | B(♭13) B7 |

| Em Esus²/₄ | B(♭13) B7 | Em Esus²/₄ |

Verse 1

B(♭13)　　　B7　　　Em Esus²/₄ B(♭13) B7
　When it all went down,

　　　　Em　　　Esus²/₄　B(♭13) B7
And the pain came through,

　Em　　　Esus²/₄　B(♭13)
I get it now,

　　　B7　　Em　Esus²/₄　B(♭13)
I was there for you.

　　　B7　Em Esus²/₄　B(♭13) B7
Don't ask me how,

　Em　　　Esus²/₄　B(♭13) B7
I know it's true,

　Em Esus²/₄　B(♭13)
I get it now,

　　　B7　　Em　Esus²/₄　B(♭13) B7
I was there for you.

　Am　　　Asus²/₄　E(♭13) E7
I make my plans,

　　　Am　　Asus²/₄　E(♭13) E7
Like I always do,

　　　Am　　Asus²/₄　E(♭13) E7
But when I look back,

　　　Am　　　B7
I was there for you.

© Copyright 2004 Old Ideas LLC/Sharon Robinson Songs, USA.
Chelsea Music Publishing Company Limited (50%)/IQ Music Limited (50%).
All Rights Reserved. International Copyright Secured.

157

Em   **Esus**²⁄₄ **B**(♭13) **B7**
I walk the streets,

   Em   **Esus**²⁄₄ **B**(♭13) **B7**
Like I used to do,

   Em   **Esus**²⁄₄ **B**(♭13)
And I freeze with fear,

     B7   **Em**   **Esus**²⁄₄ **B**(♭13) **B7**
But I'm   there for you.

 D   **Dsus4** **D** **Dsus4**
I see my life

   C   **C**(#11) **C** **C**(#11)
In full re - view,

    D   **Dsus4** **D** **Dsus4**
It was never me,

C **C**(#11)   **B7**   (**Em**)
     It was al - ways you.

Link 1 | **Em** **Esus**²⁄₄ **B**(♭13)   **B7** | **Em** **Esus**²⁄₄ | **B**(♭13)   **B7** ‖

      Cmaj7 **C**   **Em** **Esus**²⁄₄
Bridge 1 You sent me here,

    D   **Em**
You sent me there,

C   **Em**   **D**   **Em**
  Breaking things I can't re - pair,

G   **D**
  Making objects   out of thought.

     Am   **B7**
Making more of them by thinking not.

      Em   **Esus**²⁄₄ **B**(♭13) **B7**
Verse 2 Eating food,

      Em   **Esus**²⁄₄ **B**(♭13) **B7**
And drinking wine,

   Em   **Esus**²⁄₄ **B**(♭13)
A body,

     B7   **Em**   **Esus**²⁄₄ **B**(♭13)
That I thought was mine.

B7   **Em**   **Esus**²⁄₄ **B**(♭13) **B7**
Dressed as Arab,

Em   **Esus**²⁄₄ **B**(♭13) **B7**
Dressed as Jew.

   Em   **Esus**²⁄₄ **B**(♭13)
Oh mask of iron,

     B7   **Em**   **Esus**²⁄₄ **B**(♭13) **B7**
I was there for you.

                        Am   Asus²⁄₄   E(♭13)
cont.   Moods of glory,

                 E⁷   Am   Asus²⁄₄   E(♭13)
                 Moods so foul.

                        E⁷   Am   Asus²⁄₄
                 The world comes through,

                 E(♭13) E⁷   Am   Asus²⁄₄   E(♭13)
                 A   bloody towel.

                        E⁷   Am   Asus²⁄₄   E(♭13)
                 And death is old.

                           E⁷   Am   Asus²⁄₄   E(♭13)
                 But it's always new.

                 E⁷   Am   Asus²⁄₄   E(♭13)
                 I freeze with fear,

                           E⁷   Am   B⁷
                 And I'm there for you.

                        Em   Esus²⁄₄   B(♭13)   B⁷
                 I see it clear,

                 Em   Esus²⁄₄   B(♭13)   B⁷
                 I always knew,

                        Em   Esus²⁄₄   B(♭13)
                 It was never me,

                 B⁷   Em   Esus²⁄₄   B(♭13)   B⁷
                 I was there for you.

                 D   Dsus⁴   D   Dsus⁴
                 I was there for you,

                 C   C(♯11)   C   C(♯11)
                 My darling one,

                 D   Dsus⁴   D   Dsus⁴
                 And by your law

                 C   C(♯11) B⁷   (Em)
                     It all was done.

Link 2 | Em   Esus²⁄₄ | B(♭13)   B⁷ | Em   Esus²⁄₄ ‖

                 B(♭13)   B⁷   Em   Esus²⁄₄   B(♭13)   B⁷
Outro   ‖: Don't ask me how

                 Em   Esus²⁄₄   B(♭13)   B⁷
                 I know it's true,

                 Em   Esus²⁄₄   B(♭13)
                 I get it now,

                        B⁷   Em   Esus²⁄₄
                 I was there for you.   :‖   *Repeat to fade*

                                159

Take This Longing

Words & Music by Leonard Cohen

C   B♭   F   Dm   Gm   Em   Am

Intro | C | C ||

Verse 1
B♭   F   B♭   F
   Many men have loved the bells   you fastened to the rein,
Dm   Gm
   And everyone who wanted you,
Dm   C   Dm   C
   They found what they will always   want again.
Em   Am   Em   Am
   Your beauty lost to you yourself just as it was lost to them.

Chorus 1
    F   C
Oh take this longing from my tongue,
      F   C
What - ever useless things these hands have done.
F   C
Let me see your beauty broken down
Em   F   C
   Like you would do for one you love.

Verse 2
   B♭   F   B♭   F
   Your body like a searchlight   my poverty revealed,
Dm   Gm   Dm
   I would like to try your charity   until you cry,
C   Dm   C
"Now you must   try my greed."
Em   Am   Em   Am
   And everything depends upon how near you sleep to me.

Chorus 2
　　　　　F　　　　　　　　　　**C**
Just take this longing from my tongue,
F　　　　　　　　　　　　　　　　**C**
All the lonely things my hands have done.
F　　　　　　　　　　　　　**C**
Let me see your beauty broken down
Em　　　　　　**F**　　　　　　　　**C**
　　Like you would do for one you love.

Verse 3
　　B♭　　　　　**F**　　　**B♭**　　　　　　　　　　**F**
　　Hungry as an archway　through which the troops have passed,
Dm　　　　　　　　　　**Gm**　　　　　　　**Dm**
　　I stand in ruins behind you, with your winter clothes,
C　　　　　　**Dm**　**C**
　　Your broken　sandal straps.
Em　　　　　　　　　　**Am Em**　　　　　　**Am**
　　I love to see you naked over there　especially from the back.

Chorus 3
　　　　F　　　　　　　　　　**C**
Oh take this longing from my tongue,
F　　　　　　　　　　　　　　**C**
All the useless things my hands have　done,
　　F　　　　　　　　　**C**
Untie for me your hired blue gown,
Em　　　　　　**F**　　　　　**C**
　　Like you would do for one that you love.

Verse 4
B♭　　　　　　　　　　　　　**F**　**B♭**　　　　　**F**
　　You're faithful to the better man,　　I'm afraid that he left.
Dm　　　　　　**Gm**　　　　　　**Dm**
　　So let me judge your love affair in this very room
　　　　　　　C　　　**Dm**　**C**
Where I have sentenced mine to death.
Em　　　　　　　**Am**　　　　　**Em**　　　　**Am**
　　I'll even wear these old laurel leaves that he's shaken from his head.

Chorus 4
　　　F　　　　　　　　**C**
Just take this longing from my tongue,
F　　　　　　　　　　　　　**C**
All the useless things my hands have done,
F　　　　　　　　　　**C**
Let me see your beauty broken down,
Em　　　　　**F N.C.**　　**C**
　　Like you would do for one you love.
　　　　　　F　　　**C**
Like you would do for one you love.

Take This Waltz

Words & Music by Leonard Cohen
Based on a poem by Federico García Lorca

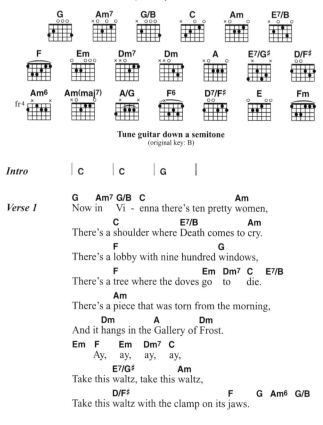

Tune guitar down a semitone
(original key: B)

Intro | C | C | G   ‖

Verse 1

G   Am⁷ G/B   C   Am
Now in   Vi - enna there's ten pretty women,

          C   E⁷/B   Am
There's a shoulder where Death comes to cry.

           F   G
There's a lobby with nine hundred windows,

           F   Em   Dm⁷   C   E⁷/B
There's a tree where the doves go   to   die.

         Am
There's a piece that was torn from the morning,

     Dm   A   Dm
And it hangs in the Gallery of Frost.

Em   F   Em   Dm⁷   C
   Ay,   ay,   ay,   ay,

          E⁷/G♯   Am
Take this waltz, take this waltz,

           D/F♯   F   G   Am⁶   G/B
Take this waltz with the clamp on its jaws.

G Am7 G/B C   E7/B   Am
Oh I   want you, I want you, I want you

     C   Am
On a chair with a dead maga - zine.

     F   G
In the cave at the tip of the lily,

     F   Em   Dm7 C   E7/B
In some hallways where love's ne - ver   been.

     Am   Am(maj7)   Am7   Am6
On our bed where the moon has been sweating,

    Dm   A   Dm
In a cry filled with footsteps and sand.

Em F   Em Dm7 C
  Ay,   ay,   ay,   ay,

        E7/G♯   A/G
Take this waltz, take this waltz,

        F6   D/F♯ F E7/G♯ Am E D7/F♯
Take its broken waist in your hand.

E7/G♯ Am
This   waltz, this waltz, this waltz, this waltz,

    Dm   Am
With its very own breath of brandy and death,

Fm   C
Dragging its tail in the sea.

G   C   Am
  There's a concert hall in Vi - enna

          C   E7/G♯   Am
Where your mouth had a thousand re - views.

        F   G
There's a bar where the boys have stopped talking,

           F   Em   Dm7 C   E7/B
They've been sentenced to   death by the blues.

     Am
Ah, but who is it climbs to your picture,

    Dm   A   Dm
With a garland of freshly cut tears?

Em F   Em Dm7 C
  Ay,   ay,   ay,   ay,

      E7/G♯   Am
Take this waltz, take this waltz,

        D/F♯   F   C G
Take this waltz, it's been dying for years.

Verse 4

```
      G            C          E7/B      Am
          There's an attic where children are playing
                      C                    Am
      Where I've got to lie down with you soon.
          F                   G
      In a dream of Hungarian lanterns,
          F              Em   Dm7  C      E7/B
      In the mist of some sweet af - ter - noon.
              Am              Am(maj7)      Am7      Am6
      And I'll see what you've chained to your sorrow,
              Dm             A      Dm
      All your sheep and your lilies of snow.
      Em  F      Em   Dm7  C
          Ay,   ay,   ay,   ay,
              E7/G♯              A/G
      Take this waltz, take this waltz,
                      F6                      D7/F♯    F  E7/G♯  Am  E
      With its "I'll never forget you, you know!"
```

Bridge 2   As Bridge 1

Verse 5

```
      G    C                      Am
      And I'll dance with you in Vi - enna,
              C        E7/B       Am
      I'll be wearing a river's dis - guise.
              F                   G
      The hyacinth wild on my shoulder,
              F              Em   Dm7  C      E7/B
      My mouth on the dew of     your thighs.
              C              Am
      And I'll bury my soul in a scrapbook,
              C              E7/B       Am
      With the photographs there,    and the moss.
              F                      G
      And I'll yield to the flood of your beauty,
              F              Em   Dm7  C      E7/B
      My cheap violin and  my    cross.
              Am
      And you'll carry me down on your dancing,
              Dm             A      Dm
      To the pools that you lift on your wrist.
```

164

cont.

       Em F   Em Dm7 C
Oh my love, oh my love,

          E7/G♯   **Am**
Take this waltz, take this waltz,

       Dm   **F C G**
It's yours now, it's all that there is.

Outro

C   **Am**
La, la, la, la, la, la.

C   **E7/B** **Am**
La, la, la,   la, la, la.

F   **G**
La, la, la, la, la, la.

F   **Em Dm7 C**   **E7/B**
La, la, la,   la, la, la.

Am
La, la, la, la, la, la.

Dm   **A Dm**
La, la, la,   la, la, la.

Em F   **Em Dm7 C**   **E7/G♯ Am**
   Ay,   ay,   ay,   ay.   *Fade out*

Teachers

Words & Music by Leonard Cohen

Intro | Bm | Bm | Bm | Bm ‖

Verse 1

Bm   G
I met a woman long ago,

     Bm   G
Her hair the black that black can go.

     Bm   G
Are you a teacher of the heart?

Bm
Soft she answered "No."

Verse 2

Bm   G
I met a girl a - cross the sea,

     Bm   G
Her hair the gold that gold can be.

     Bm   G
Are you a teacher of the heart?

Bm
"Yes, but not for thee."

Verse 3

Bm   G
I met a man who lost his mind,

     Bm   G
In some lost place I had to find.

Bm   G   Bm
"Follow me" the wise man said,

But he walked behind.

Verse 4

Bm   G
I walked into a hos - pital
        Bm   G
Where none was sick and none was well.
Bm   G
When at night the nurses left,
  Bm
I could not walk at all.

Verse 5

Bm   G
Morning came and then came noon,
Bm   G
Dinner time the scalpel blade
Bm   G   Bm
Lay beside my   silver spoon.

Verse 6

Bm   G
Some girls wander by mistake
     Bm   G
In - to the mess that scalpels make.
    Bm   G
Are you the teachers of my heart?
    Bm
We teach old hearts to break.

Verse 7

Bm   G
One morning I woke up alone,
   Bm   G
The hospital and the nurses gone.
Bm   G
Have I carved e - nough, my lord?
Bm
Child, you are a bone.

Verse 8

Bm   G
I ate and ate and ate,
     Bm   G
No, I did not miss a plate.
     Bm   G
Well, how much do these suppers cost?
    Bm
We'll take it out in hate.

Verse 9

Bm   G
I spent my hatred every place

   Bm   G
On every work on every face.

Bm   G
Someone gave me wishes

     Bm
And I wished for an embrace.

Verse 10

Bm   G
Several girls em - braced me,

     Bm   G
Then I was em - braced by men.

Bm   G
Is my passion perfect?

   Bm
No, do it once again.

Verse 11

Bm   G
I was handsome, I was strong,

  Bm   G
I knew the words of every song.

Bm   G
Did my singing please you?

   Bm
No, the words you sang were wrong.

Verse 12

Bm   G
Who is it whom I address,

Bm   G
Who takes down what I confess?

   Bm   G
Are you the teachers of my heart?

   Bm
We teach old hearts to rest.

Verse 13

Bm   G
Oh, teachers are my lessons done?

Bm   G
I cannot do an - other one.

       Bm   G
They laughed and laughed and said,

            Bm
"Well, child are your lessons done?

Are your lessons done?

Are your lessons done?"

Outro | Bm | Bm | Bm   ‖

Tower Of Song

Words & Music by Leonard Cohen

B   B7   E   F♯   G♯m

Intro | B | B | B | B   ‖

Verse 1
B
Well my friends are gone and my hair is grey,
B7
I ache in the places where I used to play.
     E   B
And I'm crazy for love but I'm not coming on,
     F♯   E   B
I'm just paying my rent every day in the Tower of Song.

Verse 2
B
I said to Hank Williams: "How lonely does it get?"
B7
Hank Williams hasn't answered yet,
   E   B
But I hear him coughing all night long.
    F♯   E   B
Oh, a hundred floors above me   in the Tower of Song.

Instr. 1 | B | B | B | B |
                   | E | E | B | F♯ |
                   | B | F♯ | F♯ ‖

Verse 3

     (F♯) **B**
I was born like this, I had no choice,

     B7
I was born with the gift of a golden voice.

     E   **B**
And twenty-seven angels from the Great Be - yond,

     F♯   **E**   **B**
They tied me to this table right here in the Tower of Song.

Verse 4

     B
So you can stick your little pins in that voodoo doll,

     B7
I'm very sorry, baby, doesn't look like me at all.

     E   **B**
I'm standing by the window where the light is strong,

        F♯   **E**   **B**
Ah, they don't let a woman kill you,   not in the Tower of Song.

Instr. 2   As Instr. 1

Verse 5

     (F♯)   **B**
Now you can say that I've grown bitter,

But of this you may be sure:

     B7
The rich have got their channels in the bedrooms of the poor.

        E   **B**
And there's a mighty judgement coming, but I may be wrong,

       F♯   **E**   **B**
You see, you hear these funny voices   in the Tower of Song.

Bridge 1

     G♯m   **F♯**
  I see you standing on the other side,

     G♯m   **F♯**
I don't know how the river got so wide,

     E   **B**
I loved you, baby, way back when.

        G♯m   **F♯**
And all the bridges are burning that we might have crossed,

      G♯m   **F♯**
But I feel so close to every - thing that we lost,

     E   **F♯**
We'll never, we'll never have to lose it a - gain.

Verse 6

(F♯)   **B**
Now I bid you farewell, I don't know when I'll be back,

   B7
They're moving us tomorrow to that tower down the track.

     E   **B**
But you'll be hearing from me baby, long after I'm gone.

   F♯   **E**   **B**
I'll be speaking to you sweetly from a window in the Tower of Song.

Instr. 3

B	**B**	**B**	**B**	
E	**E**	**B**	**F♯**	
B	**F♯**	‖

Verse 7

(F♯)   **B**
Yeah my friends have gone and my head is grey,

  B7
I ache in the places where I used to play.

    E   **B**
And I'm crazy for love but I'm not coming on,

   F♯   **E**   **B**
I'm just paying my rent every day in the Tower of Song.

Outro

| **B** | **B** | **B** | **B** | |
| **E** | **E** | **B** | **F♯** | **B** | ‖ *Fade out* |

A Thousand Kisses Deep

Words & Music by Leonard Cohen & Sharon Robinson

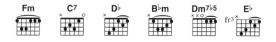

| Fm | C7 | D♭ | B♭m | Dm7♭5 | E♭ |

Intro | Fm | C7 | Fm | Fm   ‖

Verse 1

Fm
The ponies run, the girls are young, **C7**

     Fm
The odds are there to beat.

       C7
You win a while, and then it's done,

    D♭
Your little winning streak.

      B♭m **C7**
And summoned now to deal,

    Fm   **Dm7♭5**
With your   invincible defeat,

     B♭m   **C7**
You live your life as if it's real,

D♭   **E♭**   **Fm**
  A Thousand Kisses Deep.

Verse 2

Fm
I'm turning tricks, I'm getting fixed, **C7**

    Fm
I'm back on Boogie Street.

        C7
You lose your grip, and then you slip

   D♭
Into the Masterpiece.

    B♭m **C7**
And maybe I had miles to drive,

Fm   **Dm7♭5**
  And promises to keep:

    B♭m   **C7**
You ditch it all to stay a - live,

D♭   **E♭**   **Fm**
  A Thousand Kisses Deep.

| *Instr. 1* | Fm | C7 | Fm | Fm |
| | Fm | C7 | D♭ | D♭ ‖ |

Verse 3

(D♭)   B♭m   C7
And sometimes when the night is slow,
Fm   Dm7♭5
   The wretched and the meek,
           B♭m   C7
We gather up our hearts and go,
D♭   E♭   Fm
   A Thousand Kisses Deep.

Verse 4

Fm   C7
Confined to sex, we pressed a - gainst
            Fm
The limits of the sea:
                C7
I saw there were no oceans   left
D♭
   For scavengers like me.
          B♭m   C7
I made it to the forward deck,
Fm   Dm7♭5
   I blessed our remnant fleet,
           B♭m   C7
And then con - sented to be wrecked,
D♭   E♭   Fm
   A Thousand Kisses Deep.

Verse 5

Fm   C7
I'm turning tricks, I'm getting fixed,
            Fm
I'm back on Boogie Street.
                    C7
I guess they won't exchange the gifts
          D♭
That you were meant to keep.
          B♭m   C7
And quiet is the thought of you,
Fm   Dm7♭5
   The file on you complete,
          B♭m   C7
Except what we forgot to do,
D♭   E♭   Fm
   A Thousand Kisses Deep.

| *Instr. 2* | | Fm | | C7 | | Fm | | Fm | |
| *Verse 6* | | Fm | | C7 | | D♭ | | D♭ | ‖ |

(D♭)   **B♭m**   **C7**
Verse 6   And sometimes when the night is slow,

Fm   **Dm7♭5**
The wretched and the meek,

B♭m   **C7**
We gather up our hearts and go,

D♭   **E♭**   **Fm**
A Thousand Kisses Deep.

Verse 7   As Verse 1

| *Outro* | | Fm | | C7 | | Fm | | Fm | |
| | | Fm | | C7 | | D♭ | | D♭ | ‖ *Fade out* |

175

There Is A War

Words & Music by Leonard Cohen

Intro | Am | Am | Am ‖

Verse 1

Am
There is a war between the rich and poor,

                               G   **C G C G C G**
A war between the man and the woman.

                   Am
There is a war between the ones who say there is a war

                           G   **C G C G C G**
And the ones who say there isn't.

Chorus 1

G   **D**   **C***
Why don't you come on back to the war,

                 G   **C G C G C G**
That's right, get in it,

                 D   **C***
Why don't you come on back to the war,

                 G   **C G C G C G**
It's just be - ginning.

Verse 2

G   **Am**
Well I live here with a woman and a child,

                             G   **C G C G C G**
The situation makes me kind of nervous.

           Am
Yes, I rise up from her arms, she says

                           G   **C G C G C G**
"I guess you call this love;" I call it service.

Chorus 2

G   **D**   **C***
Why don't you come on back to the war,

                 G   **C G C G C G**
Don't be a tou - rist,

                 D   **C***
Why don't you come on back to the war,

cont.

        G   C G C G C G
Before it hurts us,

      D   C*
Why don't you come on back to the war,

       G   C G C G C G
Let's all get ner - vous.

Verse 3

G   Am
You cannot stand what I've become,

                 G   C G C G C G
You much prefer the gentleman I was be - fore.

    Am
I was so easy to defeat, I was so easy to control,

           G C G C G C G
I didn't even know there was a war.

Chorus 3

G   D   C*
Why don't you come on back to the war,

      G   C G C G C G
Don't be embar - rassed,

     D   C*
Why don't you come on back to the war,

      G   C G C G C G
You can still get mar - ried.

Verse 4

G   Am
There is a war between the rich and poor,

               G   C G C G C G
A war between the man and the wo - man.

    Am
There is a war between the left and right,

A war between the black and white,

       G C G C G C G
A war between the odd and the e - ven.

Chorus 4

G   D   C*
Why don't you come on back to the war,

      G   C G C G C G
Pick up your tiny bur - den,

     D   C*
Why don't you come on back to the war,

     G C G C G C G
Let's all get e - ven,

     D   C*
Why don't you come on back to the war,

      G C G C G C G
Can't you hear me speak - ing?

Tonight Will Be Fine

Words & Music by Leonard Cohen

Intro | A | A | A | A ||

Verse 1
```
     A                 E              A
Sometimes I find I get to thinking of the past.
                            E                    A
We swore to each other then our love would surely last.
                          E          A
You kept right on loving, I went on a fast,
                           E          A
Now I am too thin and your love is too vast.
```

Chorus 1
```
A    D          A
But I know from your eyes
      D          A
And I know from your smile
        D          A
That to - night will be fine,
                         E      E7
Will be fine, will be fine, will be fine
     A
For a while.
```

Verse 2
```
     A               E           A
I choose the rooms that I live in with care,
                        E            A
The windows are small and the walls almost bare,
                      E          A
There's only one bed and there's only one prayer;
                     E          A
I listen all night for your step on the stair.
```

Chorus 2   As Chorus 1

               A   E   A

Verse 3   Oh sometimes I see her un - dressing for me,

                                      E   A

        She's the soft naked lady love meant her to be,

                                E   A

        And she's moving her body so brave and so free,

                                E   A

        If I've got to remember that's a fine memo - ry.

               A   D   A

Chorus 3   And I know from her eyes

               D   A

        And I know from her smile

                   D   A

        That to - night will be fine,

                               E   E7

        Will be fine, will be fine, will be fine

               A

        For a while.

        with ad lib. vocals

Verse 4   ‖: A | A | E | A   :‖ *Play 4 times*

        with ad lib. vocals

Chorus 4   ‖: D | D | A | A   :‖ *Play 3 times*

           | A | E | E | E | E7 |

           | A | A | A | A   ‖

        with ad lib. whistling

Verse 5   ‖: A | A | E | A   :‖ *Play 4 times*

        with ad lib. whistling

Chorus 5   ‖: D | D | A | A   :‖ *Play 3 times*

           | A | E | E | E | E7 |

           | A | A | A | A   ‖ *Fade out*

Waiting For The Miracle

Words & Music by Leonard Cohen & Sharon Robinson

| Em | C | D | Cdim7 | B7 | Am | D#dim7 |

Intro
| Em | Em | Em | Em ‖

Verse 1

Em   C   D
Baby, I've been waiting,

                        Em
I've been waiting night and day.

            C   D
I didn't see the time,

              Em
I waited half my life away.

        D
There were lots of invitations

                    Cdim7 B7
And I know you sent me some,

           Em   D   C   D
But I was waiting   for the miracle,

        Cdim7   B7
For the miracle to come.

Link 1
| Em | Em ‖

Verse 2

Em   C   D
I know you really loved me.

                 Em
But, you see, my hands were tied.

                       C   D
And I know it must have hurt you,

                   Em
It must have hurt your pride

D

cont. To have to stand beneath my window

                               Cdim7   **B7**
With your bugle and your drum,

                     Em   **D**   **C**   **D**
And me I'm up there waiting   for the miracle,

                Cdim7   **B7**
For the miracle to come.

Link 2 | **Em** | **Em**   ‖

            Em   **C**   **D**
Verse 3 Yeah, I don't believe you'd like it,

                      Em
You wouldn't like it here.

                    C   **D**
There ain't no enter - tainment

                        Em
And the judgements are severe.

     D
The Maestro says it's Mozart,

                   Cdim7   **B7**
But it sounds like bubblegum

               Em   **D**   **C**   **D**
When you're waiting   for the miracle,

                Cdim7   **B7**
For the miracle to come.

Link 3 | **Em** | **Em**   ‖

            Am
Bridge 1 Waiting for the miracle,

                Em
There's nothing left to do.

       B7
   I haven't been this happy

                Em
Since the end of World War II.

Em   Am
Nothing left to do

When you know that you've been taken.

            Em
Nothing left to do

When you're begging for a crumb.

            C
Nothing left to do

When you've got to go on waiting,

D♯dim7   B7
Waiting for the miracle to come.

Verse 4

(B7) Em   C   D
And I dreamed about you, baby,

                Em
It was just the other night.

         C   D
Most of you was naked,

              Em
Ah, but some of you was light.

    D
The sands of time were falling

                 Cdim7   B7
From your fingers and your thumb,

           Em   D   C   D
And you were waiting for the miracle,

      Cdim7   B7
For the miracle to come.

Link 4

| Em | Em   ‖

Verse 5

Em   C   D
Ah, baby, let's get married,

             Em
We've been alone too long.

          C   D
Let's be alone to - gether,

            Em
Let's see if we're that strong.

                         D
cont.   Yeah, let's do something crazy,

                                      Cdim7   **B7**
                 Something absolutely wrong

                           Em   **D**   **C**   **D**
                 While we're waiting   for the miracle,

                           Cdim7   **B7**
                 For the miracle to come.

Link 5 | **Em** | **Em**   ‖

Bridge 3   As Bridge 2

              B7   **Em**   **C**   **D**
Verse 6   When you've fallen on the highway

                                  Em
              And you're lying in the rain,

                                      C   **D**
              And they ask you how you're doing

                                          Em
              Of course you'll say you can't com - plain.

                    D
              If you're squeezed for information,

                                          Cdim7   **B7**
              That's when you've got to play it dumb.

                                   Em   **D**   **C**   **D**
              You just say you're out there waiting   for the miracle,

                         Cdim7   **B7**
              For the miracle to come.

Link 6 | **Em** | **Em**   ‖

Outro   ‖: **Em C** | **D** | **Em** | **Em**   :‖

              | **D** | **D** | **Cdim7** | **B7** |

              | **Em D** | **C D** | **Cdim7** | **B7** | **Em**   ‖ *Fade out*

Who By Fire

Words & Music by Leonard Cohen

Am/E   Fmaj7   E   Am

G   C   Bsus4   Cm   E♭5

Intro | Am/E | Fmaj7 | E | E   ‖

Verse 1

        Am   G   Am   G   Am
And who by fire, who by water,
C   G   C   G   C
Who in the sunshine, who in the night-time,
Am   G   Am   G   Am
Who   by high ordeal, who   by common trial,
C   G   C
Who in your merry, merry month of May,

          G   C
Who by very slow decay,
        Am/E   Fmaj7   E | E   ‖
And who shall I say is   calling?

Verse 2

        Am   G   Am   G   Am
And who in her lonely slip, who by bar - biturate,
C   G   C   G   C
Who in these realms of love, who by   something blunt,
        Am   G   Am   G   Am
And who   by avalanche, who   by powder,
C   G   C
Who for his greed,

         G   C
Who for his hunger,
        Am/E   Fmaj7   E | E   ‖
And who shall I say is   calling?

Verse 3

       Am G Am   **G Am**
And who by brave assent, who by accident,

C   G C   **G   C**
Who in solitude, who in this mirror,

Am   G   **Am**   **G**   **Am**
Who by his lady's com - mand, who by his own hand,

C   G C
Who in mortal chains,

      G C
Who in power,

      Am/E   **Fmaj7 E** | **E** ||
And who shall I say is calling?

Coda
(Strings)

| **Am G Am** | **Bsus4 Cm** | **Am G Am** | **N.C. Eb5** |

| **Am G Am** | **Bsus4 Cm** | **Am G Am** ||

                  Fade out

Winter Lady

Words & Music by Leonard Cohen

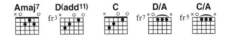

Intro

| Amaj7 | Amaj7 |

| D(add11) | D(add11) | D(add11) | D(add11) ‖

Verse 1

D(add11)   Amaj7   D(add11)   C
Trav'ling lady   stay a - while

    D(add11)   Amaj7   D(add11)
Un - til   the night is over.

         Amaj7   D(add11)   C
I'm just a station on   your way,

    D(add11)   Amaj7   D(add11)
I know I'm not your lover.

Bridge 1

         D/A   C/A
Well, I lived with a child of snow

         D/A   C/A
When I was a soldier,

         D/A   C/A
And I fought every man for her

         D/A   C/A
Un - til the nights grew colder.

Link 1

| D(add11) | D(add11) | D(add11) | D(add11) ‖

Verse 2

D(add11)   **Amaj7** **D(add11)** **C**
She used to wear her hair like you

    D(add11)   **Amaj7** **D(add11)**
Ex - cept when she was sleeping.

        Amaj7   **D(add11)** **C**
And then she'd weave it on a   loom

   D(add11)   **Amaj7** **D(add11)**
Of smoke and gold and breathing.

Bridge 2

     D/A   **C/A**
And why are you so quiet now,

D/A   **C/A**
Standing there in the doorway?

    D/A   **C/A**
You chose your journey long before

    D/A   **C/A**
You came upon this highway.

Link 2

‖ **D(add11)** | **D(add11)** | **D(add11)** | **D(add11)** ‖

Verse 3

D(add11) **Amaj7** **D(add11)**   **C**
Trav'ling lady   stay a - while

     D(add11) **Amaj7** **D(add11)**
Un - til   the night is over.

        Amaj7 **D(add11)**   **C**
I'm just a station on   your way,

   D(add11)   **Amaj7** **D(add11)**
I know I'm not your lover.

You Know Who I Am

Words & Music by Leonard Cohen

Chord diagrams: Asus2, Am, Asus4, Bm, D, A, G, B7/F#, E, Em, Am7, Am♭6

Intro   ‖: Asus2 Am Asus4 | Am Asus2 Am | Asus2 Am Asus4 | Am Asus2 Am :‖

Verse 1
```
      Am              Bm
I cannot follow you, my love,
      Am            Bm
   You cannot follow me.
   D                        A
   I am the distance you put between
               G         B7/F#         E
All of the moments      that we will be.
```

Chorus 1
```
   (E)  D          A
You know who I am,
             D          A
You've stared at the sun,
             D      A
Well I am the one who loves
   G                       E    Em E Em E Em E
Changing from nothing to one.
```

Link 1 | Asus2 Am Asus4 | Am Asus2 Am | Asus2 Am Asus4 | Am Asus2 Am

Verse 2
```
      Am                  Bm
Sometimes I need you naked,
      Am                  Bm
   Sometimes I need you wild.
   D                    A
   I need you to carry my children in,
        G         B7/F#       E
And I need you      to kill a child.
```

Chorus 2   As Chorus 1

Link 2   As Link 1

Verse 3

Am   **Bm**
If you should ever track me down,

Am   **Bm**
  I will surrender there.

D   **A**
  And I will leave with you one broken man

         G   **B7/F♯**   **E**
Whom I will teach you   to re - pair.

Chorus 3   As Chorus 1

Link 3   As Link 1

Verse 4

Am   **Bm**
I cannot follow you, my love,

Am   **Bm**
  You cannot follow me.

D   **A**
  I am the distance you put between

         G   **B7/F♯**   **E**
All of the moments   that we will be.

Chorus 4   As Chorus 1

Outro | **Asus2 Am Asus4**| **Am Asus2 Am** | **Asus2 Am Asus4**| **Am Asus2 Am** |

            | **Am7** **Am♭6** | **Am Am♭6 Am** | **Am7 Am♭6** | **Am Am♭6 Am** |

            | **Am**   ‖

The Traitor

Words & Music by Leonard Cohen

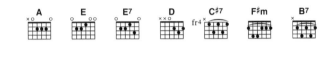

Intro | A |: E | E7 | A | A   :|

Verse 1
     A   D   A
Now the Swan it floated on the English river,
                      D   A
Ah, the Rose of High Romance it opened wide.
     C#7   F#m   D   A
A suntanned woman yearned me through the summer,
           E   D   A
And the judges watched us from the other side.

Verse 2
     A   D   A
I told my mother "Mother I must leave you.
                    D   A
Preserve my room but do not shed a tear.
     C#7   F#m   D   A
Should rumour of a shabby ending reach you,
          E   D   A
It was half my fault and half the atmos - phere."

Verse 3
     A   D   A
But the Rose I sickened with a scarlet fever,
                    D   A
And the Swan I tempted with a sense of shame.
     C#7   F#m   D   A
She said at last I was her finest lover,
     B7   E   E7
And if she withered I would be to blame.

Verse 4

    A   **D**   **A**
The judges said you missed it by a fraction,
                     D   **A**
Rise up and brace your troops for the at - tack.
       C♯7   **F♯m**   **D**   **A**
Ah, the dreamers ride a - gainst the men of action,
      E   **D**   **A**
Oh, see the men of action falling back.

Verse 5

    A   **D**   **A**
But I lingered on her thighs a fatal moment,
                 D   **A**
I kissed her lips as though I thirsted still.
       C♯7   **F♯m**   **D**   **A**
My falsity had stung me like a hornet,
      E   **D**   **A**
The poison sank and it paralysed my will.

Verse 6

    A   **D**   **A**
I could not move to warn all the younger soldiers
                    D   **A**
That they had been de - serted from a - bove.
     C♯7   **F♯m**   **D**   **A**
So on battlefields from here to Barce - lona,
     B7   **E**   **E7**
I'm listed with the enemies of love.

Verse 7

    A   **D**   **A**
And long ago she said "I must be leaving,
                D   **A**
Ah, but keep my body here to lie up - on.
      C♯7   **F♯m**   **D**   **A**
You can move it up and down and when I'm   sleeping,
       E   **D**   **A**
Run some wire through that Rose and wind the Swan."

191

Verse 8
         A   D   A
So daily I re - new my idle duty,
                                  D   A
I touch her here and there, I know my place.
        C#7   F#m   D   A
I kiss her open mouth and I praise her beauty
          E   D   A
And people call me traitor to my face.

Violin solo

‖: A | D | A | A   :‖

| C#7 | F#m | D | A |

| E | D | A | A |

| E | D | A   ‖